Paul Haschek
Abend mit Gott

An den Leser und Beter!

Ich grüße Sie, der Sie dieses Buch in der Hand haben, und freue mich, daß Sie mit diesem Gebetbuch – und damit auch mit mir – versuchen wollen, Gott im Gebet näher zu kommen. So gehen wir ein Stück Weges miteinander.

Mich persönlich haben die vorliegenden Gedanken und Gebete angeregt, mit Gott zu sprechen und mich ihm zu öffnen. Aber sie waren nur der Weg. Gott hat mich angesprochen und das Wichtigere getan. Und das gilt Ihnen und mir: Er hat uns zuerst geliebt, so dürfen auch wir ihn lieben. Das ist der Hintergrund unseres Betens.

Über seinen Freund Walser sagte Hermann Hesse einmal: „Wenn er hunderttausend Leser hätte, wäre die Welt besser." Mit den beiden vorausgehenden Ausgaben „Abend vor Gott" und „Abend mit Gott" und den Auflagen in drei Fremdsprachen wurden von diesem Buch über 250.000 Exemplare verbreitet. So dürfen wir darauf vertrauen, daß die Welt vieler Menschen durch dieses Buch froher, besser und glücklicher wurde. Ich hoffe, daß auch Sie mit diesem Buch eine Brücke finden zu Gott und ihm betend und meditierend tatsächlich begegnen können. Dadurch würde sicher viel Segen auch in Ihr Leben kommen.

Daß Ihnen das recht gut gelinge, wünsche ich Ihnen von ganzem Herzen.

P. Paul Haschek

Zum Gebrauch des Buches

Dieses Gebetbuch will besonders den Menschen jenseits der Lebensmitte helfen, intensiver mit Gott in Verbindung zu treten und die täglichen Freuden und Leiden mit ihm zu besprechen.

Aber nicht die schönen Worte sind schon Gebet. Erst wer mit Gott persönlich redet, auf seinen Willen eingeht, betet wirklich. Deshalb wollen diese Gebete mit eigenen Erfahrungen ergänzt werden, aus dem Herzen kommen und an Gott gerichtet sein. Die vorliegenden Gedanken sind nur Anregungen, die Ihr Gebet fördern wollen.

Auch die Stellen aus der Heiligen Schrift, die kurzen Zitate und Lebenserfahrungen unserer Dichter und Denker können zum Beten anregen, zum Weiterdenken, zum Leben mit Gott.

Und schließlich gehören auch die Pausen dazu, das Stillewerden und Horchen. Darin will uns Gott vielleicht Wichtiges mitteilen.

So kann alles zum Gebet werden, wenn einer nur ernsthaft beten will.

Paul Haschek

ABEND MIT GOTT

Gedanken, Bildmeditationen, Gebete
für Menschen
in der dritten Lebensphase

Verlag Butzon & Bercker Kevelaer

Mitglied der »verlagsgruppe engagement«

Illustrationen: András Simon
Fotos: Paul Haschek

Die Deutsche Bibliothek – CIP-Einheitsaufnahme

Haschek, Paul:
Abend mit Gott: Gedanken, Bildmeditationen, Gebete für Menschen in der dritten Lebensphase / Paul Haschek. – 13. Aufl. –
Kevelaer: Butzon und Bercker, 1991
ISBN 3-7666-9537-1

ISBN 3-7666-9537-1

13. Auflage 1991

Inhalt

Im Gebet miteinander verbunden

Ich verbinde mich in meinem Beten mit allen,
die Gott lieben und zu ihren Mitmenschen gut sind,
die glücklich leben oder Leiden zu tragen haben,
die Frieden, Hoffnung und Zuversicht ausstrahlen:
Voll Vertrauen will ich mit Gott sprechen.

Ich verbinde mich mit allen Menschen,
die vielleicht nicht mehr gut beten können:
Gott liebt uns auch, wenn wir unbeholfen sind,
und er schätzt unseren guten Willen mehr als Worte.
Treten wir stellvertretend füreinander vor Gott hin,
dann wird es immer irgendwo Beter geben,
die auch uns geistig mittragen und unterstützen.

Ich verbinde mich mit den Ältergewordenen,
die gerne, oft und gut mit Gott verbunden sind.
Mit ihnen möchte ich die Bindung an Gott vertiefen.

Und alle Beter bitte ich auch um ihr Gebet.

Gott ist so groß, daß er es wohl wert ist,
ihn ein Leben lang zu suchen.

Teresa von Avila

Gott kommt mir entgegen

Das Beten steht unter dem Gesetz von Ursache und Wirkung. Was ich Gott sage und dabei denke, ruft in meinem Inneren entsprechende Wirkungen hervor. Wenn ich Gott lobe und preise für seine Größe und Liebe, wachsen in mir Bewunderung und Staunen. Wenn ich Gott danke für seine Wohltaten, erlebe ich noch einmal die damit verbundene Freude. Wenn ich Gott vertrauensvoll um eine Hilfe bitte, bekomme ich Mut und Hoffnung für die Lösung meiner Probleme. Wenn ich Gott um Vergebung bitte, gibt er mir die Kraft, wieder neu anzufangen.

Aber nicht ich tue den ersten Schritt. Gott hat mich zuerst geliebt. Er bejaht mich und kommt mir entgegen. Er schenkt mir seine Liebe, deshalb kann ich darauf reagieren. Er kann meine Not wenden, deshalb finde ich Vertrauen. Er gibt mir seinen Segen, deshalb habe ich dankbare Freude. Er ist groß und gewaltig, deshalb kann ich ihn bewundern. Er ist bereit zu vergeben, deshalb kann ich wieder neu anfangen. Er ist mir nahe, deshalb kann ich mit ihm sprechen.

Ist es nicht wunderbar, daß wir beten können!

Beten ist eine schöpferische Kraft.
Ich kann Gedanken und Ideen
aussenden oder empfangen,
anziehen oder abstoßen,
verwerfen oder verwirklichen.

Ich kann Gott meine Liebe zeigen.

Ich kann mein Herz öffnen
und Gott bei mir einlassen.

Herr, ich danke dir, daß ich beten darf.

Du nahst dich mir sachte,
in der Stille wirst du gewaltig.

Du siehst auf mein Herz und kommst.

Du schenkst mir deine Liebe;
und ich werde ein anderer.

Du wirst mir Bruder und Freund;
und ich nehme deine Liebe neu an.

Du zeigst mir deinen Willen;
und ich finde Interesse am Guten.

Du offenbarst mir dein Wirken;
und ich finde Wahrheit und Leben.

Du gehst auf mich persönlich ein;
und ich finde Freude und Segen.

Du weitest mein Herz
und schaffst mich neu.

Mit Gott vermag ich alles

Nun hole ich alle meine Gedanken und Kräfte,
die mit der Außenwelt beschäftigt waren,
zusammen und wende sie meinem Inneren
zu. Ich kehre gern heim zu mir,
in die innerste Mitte meines Lebens,
von wo aus alle Funktionen und Regungen
meines Körpers und Geistes gelenkt werden.
Ich gehe in das Heiligtum meines Inneren,
wo mein Personkern alles erlebt und lenkt,
wo ich auch Gott als Wirklichkeit begegne.
Hier erfahre ich seine Liebe und Nähe.
Er hat mir Leben, Kraft und Freude gegeben.
Darum meistere ich, was er mir zutraut.
Mit Liebe sorge ich für meinen Körper.
Mit Offenheit wende ich mich der Umwelt zu.
Mit Wohlwollen umfange ich alle Menschen,
weil auch Gott sie als seine Kinder liebt.
In dieser Liebe bin ich mit ihnen verbunden
und mit dir, Herr meines Lebens.
Du, o Gott, hast mir das Leben gegeben,
und du willst, daß ich es in Fülle habe.
So schenke mir Liebe, Friede und Freude.
Gib mir Hoffnung, Kraft und Zuversicht,
daß ich froh meine Aufgaben erfüllen kann
in Erwartung der guten Dinge,
die da kommen.
Denn du bist in mir. Mit dir vermag ich alles.

I.

Die Zeit
mein
Leben

Ich will mich des Lebens freuen
und für meine Lebensjahre dankbar sein.
Aber nur du, Gott der Liebe,
kennst meine wahren Bedürfnisse.
So hilf mir, in Würde alt zu werden.

Ich will mein Leben meistern,
solange noch meine Kraft reicht.
Aber nur du, Herr der Herrlichkeit,
gibst meinem Leben Inhalt und Wert.
So ergänze durch deine Liebe,
was meiner eigenen Kraft noch fehlt.

Ich will meine Seele weiten,
wenn Leiden und Probleme mich beengen.
Aber nur du, Herr des Lebens,
erfüllst mich mit Trost und Hoffnung.
Sei du die Mitte meines Lebens.

Ich will ringen und kämpfen,
um reifer und besser zu werden.
Aber nur du, geduldiger Gott,
gibst Ausdauer und Kraft.
Kröne die Tage meines Lebens
mit Sinn, Segen und Freude.

Das Leben als Ganzes ist ein Geschenk aus Gottes Hand, aber auch eine Aufgabe, Ort der Bewährung, Gelegenheit der Gottesbegegnung. Es liegt in unserer Hand, was wir aus unserem Leben und damit aus uns selber machen. In der Kindheit haben sich unsere Eltern um uns gekümmert. Als Erwachsene haben wir Zeit und Kraft für unsere Mitmenschen und für unsere Aufgaben in Beruf und Familie geopfert. Jetzt sind wir auf uns selbst verwiesen. Das Leben verlangt nach einem würdigen Abschluß. Wenn wir uns selber darum nicht kümmern, wer soll es dann tun?

Wenn man es richtig versteht, alt zu werden, so geschieht es keineswegs so, wie die meisten glauben. Es ist durchaus kein Schrumpfen, sondern ein Wachsen. Das Alter schenkt eine Klarheit, deren die Jugend völlig unfähig ist, und eine Heiterkeit, die der Leidenschaft bei weitem vorzuziehen ist.

Marcel Jouhandeau

Heute kann ich leben

**Heute lebe ich, jetzt, in dieser Sekunde.
Heute kann ich mein Leben gestalten:
heute kann ich aufbauen oder niederreißen,
heute kann ich Freude bereiten oder wehtun,
heute kann ich wachsen oder welken,
heute kann ich mit dir leben oder allein.**

**Wie auch meine Vergangenheit war,
du, o Gott, schenkst mir immer noch
einen Rest von Zukunft.
Was mache ich heute mit deinem Geschenk?**

Die Zeit vergeht so schnell.
Plötzlich kann alles anders sein:

+ Noch habe ich Angehörige. Könnte ich nicht freundlicher und liebevoller sein? Wieviel Freude würde daraus erwachsen!

+ Warum schiebe ich so viele Probleme vor mir her, die ich verhältnismäßig leicht lösen könnte? Wie schön könnte das Leben sein!

+ Wie leicht könnte ich mein Verhältnis zu Gott pflegen, beten und meditieren, mich am Leben der Kirche beteiligen. Was wäre das ein Gewinn für mich!

Warum verschiebe ich vieles auf später, wenn ich gar nicht sicher bin, daß ich dann Zeit dafür haben werde?

Es liegt ganz an mir, was ich mit dem Rest meines Lebens mache, der heute begonnen hat.

**Herr, ich danke dir für meine Lebenszeit.
Die Jahre waren Einsatz, Leistung, Glück.
In Monaten und Wochen habe ich gearbeitet
in Familie und Beruf und Werte geschaffen,
in Tagen und Stunden gebangt und gehofft,
aber immer auch deinen Segen empfangen,
in Minuten und Sekunden Liebe erfahren –
und davon lebe ich bis heute.**

Die Chance des Neuanfangs

Wir müssen uns rechtzeitig Gedanken machen, wie wir die Zeit unseres Lebensabends verbringen wollen. Wir haben das Recht auf Respekt, Schutz und Hilfe von den Jüngeren, um in Würde und Anerkennung älter zu werden. Wir haben aber auch die Pflicht, zur Kenntnis zu nehmen, daß wir nicht mehr in der gleichen Verantwortung und Position wie früher stehen und daß wir heute andere Aufgaben haben. Deshalb ist das Leben nicht ärmer. Aber mit den Problemen des Älterwerdens müssen wir selber uns auseinandersetzen. Jetzt fallen viele Belastungen früherer Tage weg. Jetzt liegt es an uns, was wir tun, um die Freuden des Lebens in reicherem Maße zu finden.

Ich lasse das Belastende von gestern zurück
und öffne mich für das Neue,
das mir möglich ist.
Ich suche frohe und positive Gedanken.
Herr, gib mir für heute gerade das,
was ich für ein erfülltes Leben brauche.

Jeder Tag hat die Chance des Neuanfangs.
Denke nicht ständig an Sorgen und Probleme.
Das zermürbt und nimmt dir die Lebenskraft.
Du brauchst Mut und Vertrauen,
Hoffnung und Zuversicht.
Gott gibt dir, was du gerade heute brauchst.
Bitte, so wirst du empfangen.

Du hast mir ein langes Leben geschenkt:
die Zeit der Kindheit – der Jugend –
der Lebensmitte. Nun willst du,
daß ich auch mein Altwerden ernst nehme.
Du hast mich mit Talenten
und Aufgaben betraut.
Noch ist für mich die Zeit der Gnade.
Ich kann noch manches ordnen
und nachholen.
Ich danke dir für deine große Liebe,
daß mein Leben Wert und Bedeutung hat.
Hilf mir, meine Zeit zu nützen
und in Gemeinschaft mit dir
das Leben wertvoll zu machen.

Heute blühen Blumen auf meinem Weg:
Ich will bei ihnen verweilen.
Heute habe ich wieder 24 Stunden:
Ich will mir Zeit für mich nehmen.
Heute wartet eine Aufgabe auf mich:
Ich will positiv denken und handeln.
Heute begegnet mir deine Güte, o Herr:
Ich will davon auch weiterschenken.
Heute kann ich wieder vieles tun,
daß ich gerne an diesen Tag denke.

Ich brauche deine Hilfe

Wie oft habe ich mir gewünscht,
alt zu werden – und jetzt,
da ich immer älter werde,
wird es mir zum Problem.

Ein Leben lang habe ich gebraucht,
um Erfahrungen zu sammeln – und jetzt,
da ich immer klüger werde,
kann ich doch nicht allein
mit dem Leben fertig werden.

Herr, ich brauche deine Hilfe,
daß ich gut und geduldig bleibe,
daß ich gelassen alles trage
und nachsichtig und liebevoll bin.
Lehre mich, meine Tage
froh und frei zu verbringen.

Weise ist der Mensch,
der nicht den Dingen nachtrauert,
die er nicht besitzt,
sondern sich der Dinge freut,
die er hat.

Epiktet

Wir brauchen geistige Interessen

Wir brauchen weiterhin aktive Beziehungen zum gegenwärtigen Leben und geistige Interessen, die unseren tatsächlichen Bedürfnissen entsprechen und Freude machen. Dafür brauchen wir Freunde auf unserem Weg, eine überzeugende Wertordnung, eine positive Auffassung vom Sinn des Lebens, eine vernünftige Einstellung zu Tod und Sterben, Lebensweisheit und Erfahrung und eine gesunde Lebensführung. Nur so können wir mit den Krisen des Alterns richtig fertig werden.

Herr, ich danke dir, daß ich lebe.
Auch wenn ich täglich Sorgen habe
und manches Schwere auf mich wartet,
so bin ich doch darüber froh,
daß ich bin und lebe und wirken kann.
Ich danke dir für den Reichtum,
den du mir geschenkt:
für die Schönheit der Natur,
für die Freude an Menschen,
für das Glück des eigenen Herzens,
für deine Nähe und spürbare Liebe.

Ich möchte beten können

Beten ist eigentlich einfach. Du kannst mit Gott sprechen und ihm alles sagen, was du auf dem Herzen hast. Sage nicht, ich kann nicht frei beten. Du kannst frei sprechen: ganz spontan gelingt es dir bei einem guten Menschen, mit etwas Anstrengung bei einem schwierigen Menschen und mit entsprechender Vorbereitung auch bei Behörden. Wenn du frei sprechen willst, arbeitet alles in dir zusammen, daß du es kannst und daß es gut wird. Das gilt erst recht für das Sprechen mit Gott. Ihm kannst du alles frei heraus sagen, was du auf dem Herzen hast. Du mußt nur damit beginnen. Alle Gebete und Gedanken dieses Buches wollen dir helfen, daß du mit Gott sprechen kannst. Laß dich anregen und sprich dann frei mit Gott, so wie es dir ums Herz ist. Das wird dann ein gutes Gebet sein, weil es dein Gebet ist.

Bete regelmäßig,
und du wirst Zeit dafür finden.

Nimm dir Zeit zum Beten und Meditieren,
und du wirst eine neue Freude entdecken.

Wende dich Gott vertrauensvoll zu,
und er wird sich dir zuwenden.

So sollt ihr beten:
Unser Vater im Himmel, dein Name werde geheiligt, dein Reich komme, dein Wille geschehe wie im Himmel, so auf der Erde. Gib uns heute das Brot, das wir brauchen. Und erlaß uns unsere Schulden, wie auch wir sie unseren Schuldnern erlassen haben. Und führe uns nicht in Versuchung, sondern rette uns vor dem Bösen.

Mt 6, 9-13

Mache mich reifer

**Immer mehr trennt mich von anderen,
je länger ich lebe und je älter ich werde.
Ich bin nicht mehr so beweglich wie früher
und kann tatsächlich vieles nicht mehr tun.
Ich werde oft nicht mehr richtig verstanden,
und leider leben viele nicht mehr,
mit denen ich mich verstanden habe.**

**Hilf mir, Herr, daß ich dich verstehe.
Du kennst mich besser als alle Menschen.
Du weißt, daß ich nur das Beste will
und meine Tage so verbringen möchte,
daß ich allezeit deinen Willen erfülle.
Laß mich in allem gut und froh bleiben:
geduldig im Warten, gnädig im Urteil;
treu im Glauben, mutig in der Hoffnung;
bescheiden und zufrieden mit dem,
was mir deine Liebe noch schenkt.**

**Herr, du bist gut, wenn du gibst,
und du bist gut, wenn du nimmst.
Ich danke dir für deine Liebe zu mir.**

*Was Altern bedeutet und Altsein: Einzig
der Jahre Gewinn gelte und nicht ihre Zahl.*
Decimus Magnus Antonius

Das Alter kann auch Last sein.
Viel Arbeit und Mühe bleibt.
Oft kommt Krankheit und Leid dazu.
Es fehlt die Geschicklichkeit
und Beweglichkeit früherer Tage,
um Schritt zu halten mit den Jüngeren.

Auch uns gilt das Wort:
Wirket, solange es Tag ist,
denn es kommt die Stunde,
da niemand mehr wirken kann.

Zuviel Mühe und Plage
sind nur hinderlich,
in Ruhe und Besinnung
dir entgegen zu gehen.
Hilf uns, Herr,
die rechte Mitte zu finden.

Wenn ich in alten Gedanken steckenbleibe, deshalb bei anderen nicht mehr richtig ankomme, dann ist vielleicht daran schuld das Alter meiner Ideen und Denkmuster, meiner Gewohnheiten und Wünsche, die ich ständig wiederhole. Dabei ist jeder Tag so frisch und neu, daß er auch mich neu und lebendig machen könnte.

Meine Gaben

**Das wirklich Große ist einfach,
schöpferisch und schön:
die Liebe einer Mutter,
das Vertrauen eines Kindes,
der Reichtum der Natur,
die Freude des Dankbaren,
die Begeisterung eines Liebenden.**

**Laß mich jene Werte neu entdecken,
die mein Leben schön machen.
Laß mich von guten Gedanken
und positiven Ideen bestimmt sein.
Du, o Gott, gibst mir Leben in Fülle.
Du erwartest aber mit Recht,
daß ich meine Gaben ausnütze.
Glück ist deine köstliche Gabe,
oft versteckt in der Natur
oder in guten Menschen.
Laß mich Glück und Freude finden.**

Zuwenig erwarten ist gefährlicher als zuviel erwarten. Setze dein Ziel nicht zu niedrig!

Daniel Considine

Herr, du hast mir das Leben
als Ganzes zur Aufgabe gestellt.
Sinnvoll alt zu werden
ist dein Auftrag an mich.
Du willst meine Erfüllung und Vollendung.
Laß mich in deiner Liebe bleiben
bis ans Ende meiner Tage.
Alle Hilfe von außen ist kostbar,
jedoch bewähren muß ich mich allein.
Die größte Hilfe aber finde ich durch
deine Güte und Menschenfreundlichkeit,
weil du mir Bruder geworden bist.
Dank sei dir, o Herr.

Wie schön ist es, dem Herrn zu danken,
deinem Namen, du Höchster, zu singen,
am Morgen deine Huld zu verkünden
und in den Nächten deine Treue…
Denn du hast mich
durch deine Taten froh gemacht;
Herr, ich will jubeln
über die Werke deiner Hände.
Wie groß sind deine Werke, o Herr,
wie tief deine Gedanken!

Ps 92,2-3.5-6

Herr, du hast den Wert des Alters nicht abhängig gemacht von der Mode einer Zeitströmung. Du hast es mir selbst in die Hand gegeben, mein Leben wertvoll zu machen durch meine Liebe und Hingabe, indem ich mein Sein und meine Erfahrungen der nachkommenden Generation nutzbar mache. Hilf mir, diese Aufgabe mit Liebe zu erfüllen.

Bleibt in meiner Liebe. Wenn ihr meine Gebote haltet, werdet ihr in meiner Liebe bleiben, so wie ich die Gebote meines Vaters gehalten habe und in seiner Liebe bleibe. Dies habe ich euch gesagt, damit meine Freude in euch ist und damit eure Freude vollkommen wird. Das ist mein Gebot: Liebt einander, so wie ich euch geliebt habe. Es gibt keine größere Liebe, als wenn einer sein Leben für seine Freunde hingibt. Ihr seid meine Freunde, wenn ihr tut, was ich euch auftrage. Joh 15,9-14

Sammelt euch nicht Schätze hier auf der Erde, wo Motte und Wurm sie zerstören und wo Diebe einbrechen und sie stehlen, sondern sammelt euch Schätze im Himmel... Denn wo dein Schatz ist, da ist auch dein Herz. Mt 6,19–21

Sprich öfters einen Segen aus

Ein Segen ist ein Gebet, in dem ich Gott bitte, er möge einem bestimmten Menschen Güte und Liebe, Freude und Erfolg, Wohlergehen und Gesundheit und alles, was ihm zum Heile dient, schenken. Das setzt voraus, daß ich diesem Menschen selber gut gesinnt bin, ihn anerkenne und annehme, wie er ist, und ihm alles Gute wünsche.

Segne jeden, der dir begegnet. Schicke ihm einen Gedanken des guten Willens und der Sympathie entgegen. Oft spüren diese Menschen dein Wohlwollen und begegnen dir zuversichtlich und freudig. So werden Angst und Unsicherheit überwunden, und in beider Herzen wachsen Offenheit und Verständnis, Güte und Hilfsbereitschaft.

Viele brauchen deinen Segen. Wenn jemand mißmutig, deprimiert oder unglücklich dreinschaut: segne ihn. Gott wird ihm helfen, froh zu werden.

Viele benehmen sich so, daß sie von anderen nur Abneigung, Verachtung und Verurteilung erfahren. Segne einen solchen Menschen und begegne ihm mit Verständnis, Hilfsbereitschaft und Wohlwollen. Du bist vielleicht der einzige, der an den guten Kern in ihm glaubt und ihm so hilft, wieder besser zu werden.

Viele arbeiten unermüdlich, sind abgehetzt und finden keine Zeit für sich und ihre Mitmenschen: Segne sie und übermittle ihnen Dank und Anerkennung. Gott wird diesen Menschen auf dein Gebet hin Kraft und Freude schenken. Das wird euch beide spürbar erfüllen.

SEGEN

Der Herr segne dich:
Er gebe dir Kraft, Freude und Frieden
für dich selbst und für deine Mitmenschen.
Er sei bei dir in Leid und Bedrängnis
und halte fern Verzweiflung und Trauer.
Er schenke dir Vergebung und Besserung,
wenn Schuld und Schaden dich quälen.
Er stärke dich bei der Arbeit
und gebe dir Erfolg und Zufriedenheit.
Der Herr schenke dir seine Gaben,
daß dein Denken, Reden und Tun
getragen ist von Vertrauen und Güte,
vom Gehorsam gegen seinen Willen
und von der Liebe zu allen Menschen.

Das Alter ist Feierabend,
der verdiente Friede
eines erfüllten Lebens.
Du willst ausgeglichene Menschen,
voll des Friedens und der Freude,
voll Weisheit und Geduld.

Hilf mir, die Zeit zu nützen,
um abgeklärt und weise zu handeln,
großzügig und gütig zu bleiben
und zuversichtlich zu hoffen
auf die volle Erfüllung bei dir.
Schenke meinem Leben Inhalt und Wert.

Der schönste Dank
für die Gaben Gottes besteht darin,
daß man die Gaben Gottes weitergibt.
Kardinal Michael Faulhaber

Es kommt nicht darauf an,
die Welt zu verändern,
sondern sie zu vermenschlichen.
Karl Steinbruch

II.

Froh in den Tag

**Herr, dieser Tag
und was er bringen mag,
sei mir aus
deiner Hand gegeben.
Du bist der Weg,
die Wahrheit
und das Leben.
Du bist der Weg,
ich will ihn gehn.
Du bist die Wahrheit,
ich will sie sehn.
Du bist das Leben.
Mag mich umwehn:
Leid und Kühle,
Glück und Glut:
Alles ist gut,
so wie es kommt.
Gib, daß es frommt.
In deinem Namen
beginne ich. Amen.**

Ignaz Klug

*Seien Sie ein Mensch des Gebetes,
und Sie werden
ein Mensch des Friedens werden.*

Léon Bloy

Dank für den neuen Tag

Herr, mein Gott!
Du hast mir den neuen Tag geschenkt
und mit ihm ein neues Stück Leben.
Ich danke dir, daß ich leben darf,
daß du mich geschaffen, mit vielen
Fähigkeiten und Talenten ausgestattet
und mir Gelegenheiten geschenkt hast,
etwas Sinnvolles zu leisten und dabei
zufrieden und froh zu sein.

Ich danke dir,
daß du mir auch heute alles gibst,
was ich zum Leben brauche.
Ich danke dir, daß du an mich denkst
und daß du mich allezeit liebst.
Dir weihe ich diesen neuen Tag,
mein Denken und Tun,
mein Mühen und Ruh'n,
was mich froh macht,
was mir schwer fällt.
Segne mich, daß dieser Tag
und was er mir bringt,
dir zur Ehre sei und mir zum Heil.

Der Same ist das Wort

Der Same auf dem Feld hat große Symbolkraft für das Wort, für die Gedanken. Was ich denke und fühle, das bin ich. In meinem Geist nehme ich unablässig und wahllos alle Bilder auf von dem, was ich sehe, höre, tue oder erlebe. Und alles lebt und wirkt weiter wie der Same auf dem Feld.

Ich denke in geistigen Bildern und Vorstellungen und beziehe meine Lebenserfahrung aus dem Speicher meiner Erinnerungen. Mein Denken und Fühlen beeinflußt die Tendenz meiner natürlichen Fähigkeiten entweder positiv oder negativ. Die schöpferische Kraft meiner Phantasie denkt nicht logisch, diskutiert nicht, rechnet nicht, sondern gibt nur das geistige Bild mit allen Wünschen und Befürchtungen wieder, so wie es gespeichert wurde. Viele sind unglücklich wegen ihres falschen Denkens, weil sie mit den unguten Gedanken die Erinnerung an Spannungen, Befürchtungen und Sorgen wieder zulassen, die sie beim ersten Erleben hatten. Nicht aufgearbeitete ungute Erlebnisse oder unerfreuliche Ereignisse sind wie das Unkraut im Acker: sie hemmen das normale Wachstum des guten Samens.

Kläre alle Stimmungen und allen Groll, alle Ängste und Wunden der früheren Zeit, sonst liegt dir zuviel im Weg und du stößt dich daran und verwundest dich immer wieder neu.

Herr, ich danke dir für das Wunderwerk,
daß ich denken und sprechen,
hören und verstehen kann.
Du hast dich uns geoffenbart im Wort
und sprichst uns an durch Ereignisse.
Gib mir ein feinfühliges Herz,
daß ich dich erkenne und verstehe
und mit Dank und Liebe
auf deine Anregungen antworte.
Herr, lehre mich so beten,
daß ich dir wirklich begegne.

Zuflucht bei Gott

Herr, ich suche Zuflucht bei dir.
Laß mich doch niemals scheitern!
Reiß mich heraus und rette mich
in deiner Gerechtigkeit,
wende dein Ohr mir zu und hilf mir!
Sei mir ein sicherer Hort,
zu dem ich allzeit kommen darf.
Du hast mir versprochen zu helfen;
Herr, mein Gott,
du bist ja meine Zuversicht,
meine Hoffnung von Jugend auf.
Verwirf mich nicht,
wenn ich alt bin,
verlaß mich nicht,
wenn meine Kräfte schwinden.
Du hast mich gelehrt von Jugend auf,
und noch heute verkünde ich
dein wunderbares Walten.
Auch wenn ich alt und grau bin,
o Gott, verlaß mich nicht,
damit ich von deinem machtvollen Arm
der Nachwelt künde,
den kommenden Geschlechtern
von deiner Stärke
und von deiner Gerechtigkeit, Gott,
die größer ist als alles.

Aus Ps 71

Du hast mir die Jahre geschenkt,
damit ich meine Lebensaufgabe erfülle.
Stärke mich mit Weisheit und Geduld,
daß ich nicht aufdringlich werde.
Ich will der nachkommenden Generation
mit der Liebe meines Herzens
dienend zur Verfügung stehen.
Laß mich froh sein über das Lebenswerk,
das mich all die Jahre beschäftigt hat.
Wenn auch vieles zerflossen ist
wie der Sand zwischen den Fingern,
so war es doch ein Geschenk.
Und was ich nur für kurze Zeit hatte,
war auch ein Ausfluß deiner Liebe.
Viele deiner Gaben sind nun vergangen,
und du bist immer der gleiche geblieben:
Du bist gütig, wenn du gibst,
und gütig, wenn du nimmst.
Dir weihe ich jetzt mein Leben
und vertraue ganz auf deine Liebe.

Gott ruft jeden.
Die Antwort, die wir geben,
entscheidet über Sinn oder Sinnlosigkeit
unseres Lebens.

Elisabeth Nikrin

Es liegt auch an dir

Ein alter Mensch,
der sein Leben lang
ehrlich gearbeitet,
regelmäßig seine
Steuern entrichtet,
niemand etwas
zuleide getan,
seine sittlichen
und religiösen
Pflichten erfüllt hat:
der hat es
wahrlich verdient,
einen geruhsamen
und ausgeglichenen
Lebensabend
verbringen zu können.
.....
Es liegt auch an dir selbst,
wie du deinen Lebensabend verbringst.
Tu Gutes! Gib deine Sorgen
in Gottes Hand und hab Vertrauen!

*Wenn du an dir
nicht Freude hast,
die Welt wird dir
nicht Freude machen.*

Paul Heyse

In deiner Hand

**Vater im Himmel,
mit dem neuen Tag
schenkst du mir neues Leben.
Ich danke dir dafür.
Es macht mich froh,
daß du mich liebst.
In dir bin ich geborgen.
Dir weihe ich den Tag.
Was er auch bringt:
Du liebst mich.
Auch ich liebe dich.
Ich will dir heute Freude machen
mit meinem Reden, Denken und Tun.
Und was ich zu tragen habe,
opfere ich dir auf,
daß du alles segnest.
Stärke mich in der Prüfung.
Schütze mich bei der Arbeit.
Führe mich den Weg des Heiles.
Laß mich viel Gutes tun
und auch beitragen zum Glück anderer.**

*Wer sich als besserer Mensch
vom Gebet erhebt,
dessen Gebet ist erhört.*

George Meredith

Reiche mir die Hand

Jesus sagte zu dem Mann mit der gelähmten Hand: „Steh auf und stelle dich hierher!“ Der Mann gehorchte und trat vor. Dann sagte Jesus zu den Anwesenden: „Ich frage euch, was darf man nach dem Gesetz am Sabbat tun? Gutes oder Böses? Darf man einem Menschen das Leben retten, oder muß man ihn umkommen lassen?“ Er schaute alle der Reihe nach an und forderte den Mann auf: „Strecke deine Hand aus!“ Der Mann streckte sie aus, und sie wurde wieder gesund. Lk 6,8-10

Der Mann mit der verdorrten Hand, die Randfigur der Synagoge. Der Arme, was kann er arbeiten, was kann er Gutes tun? Nicht die Hand ist krank, sondern er, der ganze Mensch. Er kann niemand die Hand reichen zur Vergebung, zur Hilfe, zur Liebe. Auch ihm reicht niemand die Hand. Das würde nur erschrecken.

Einer will und kann helfen.
Er setzt Schwerpunkte:
Nicht der Sabbat steht zur Diskussion,
sondern der hilfsbedürftige Mensch.
Nicht die Diskutierer entscheiden,
sondern der barmherzige Samariter.
Nicht um den Rechtsstandpunkt geht es,
sondern um spürbare und wirksame Liebe.

Der Kranke steht im Mittelpunkt,
nicht der Besserwisser.
Der Heiland ist unsere Hoffnung,
nicht der Zuschauer.

**Herr, du heilst auf wunderbare Weise
und hilfst uns zu vollem Menschsein.
Du weißt, was uns fehlt,
und hilfst, wo es not tut.
Du heilst uns die Hand,
daß wir sie gebrauchen
zum Segnen und Vergeben.**

Laßt uns ablegen
die Werke der Finsternis
und anlegen die Waffen des Lichts.
Laßt uns ehrenhaft leben wie am Tag,
ohne maßloses Essen und Trinken,
ohne Unzucht und Ausschweifung,
ohne Streit und Eifersucht.
Legt als neues Gewand
den Herrn Jesus Christus an.

Röm 13,12-14

Wir bitten dich, o Herr,
komm unseren Handlungen
mit deiner Eingebung zuvor
und begleite sie mit deiner Hilfe,
auf daß all unser Beten und Tun
stets von dir seinen Anfang nehme
und durch dich seine Vollendung finde.

Gebet der Kirche

Von guten Mächten wunderbar geborgen,
erwarten wir getrost, was kommen mag.
Gott ist mit uns am Abend und am Morgen
und ganz gewiß an jedem neuen Tag.

Dietrich Bonhoeffer

Solange ich lebe,
schenkst du mir immer wieder Zeit,
einen Moment deiner Güte,
die meine Gegenwart ausmacht.
Laß mich nicht nur an Vergangenes denken,
sondern auch gern das Kommende ergreifen
und die Zeit mit wertvollem Tun füllen.
Was ich in den kleinen Augenblicken tue,
hat seine Wirkung für die Ewigkeit.
Darum laß mich jede Stunde
als Geschenk deiner Gnade achten
und jede Gelegenheit nützen,
Gutes zu tun.

Die täglich etwas Glückliches erleben,
sind jene,
die schon morgens Frohes erwarten.
Die uns täglich Gutes tun,
sind jene,
die schon morgens bereit sind zu helfen.
Die sich täglich freuen,
sind jene,
die schon morgens mit Gott sprechen.

Den scheinbar unbedeutenden Menschen,
die mir heute begegnen werden,
will ich Ehrfurcht und Liebe schenken,
weil ich in ihnen auch dir begegne.
Darum hilf mir,
ohne Vorbehalt alle zu lieben.
Und wer in meiner Nähe Not leidet,
der soll den helfenden Freund
in mir finden.

Trage Gott in dein Leben,
dann trägt dich dein Leben zu Gott.

Margarethe Seemann

Die große Liebe hat nicht der, der liebt und geliebt wird, sondern der, der es versteht, besser zu lieben, und der es versteht, so viel Licht um sich zu verbreiten, daß auch die anderen angezogen werden von der Vision einer Welt, deren Glanz nur Licht und Liebe ist.

Angelo Giuseppe Roncalli

Hinaus aus den vier Mauern
Hinaus aus der Tretmühle des Alltags
Hinaus in größere Zusammenhänge

Hinein in neue Erlebnisse
Hinein in die Fülle der Schöpfung
Hinein in den Segen der Natur

Hinauf in die größere Übersicht
Hinauf in die Freiheit und Freude
Hinauf in das Herz Gottes

Laß mich besser werden

Herr, ich komme zu dir
in der Freude darüber,
daß du mein Vater bist.
Laß mich heute
deine Güte und Liebe erfahren.
Dich habe ich lieb von Herzen.
Gib mir heute deinen Segen
zu Arbeit und Freude.
Hilf mir in jeder Last und Mühe.
Bewahre mich vor allem Unheil.
Laß mich besser werden.

Als ich dich allein
suchte und liebte,
habe ich mich und dich
zugleich gefunden.
Thomas von Kempen

Ich kann mich nicht recht befreunden
mit düsteren Trompetensignalen:
Alles sammeln, Tore verrammeln,
Kanonen laden! Oft sind es nur
Abreaktionen innerer Ängste nach außen.
Bischof Johannes Weber

Du hast mir das Leben geschenkt
und bis zur Stunde bewahrt.
Du hast mich getragen von Jugend auf
und mir die Treue erwiesen bis ins Alter.
Meine Zeit steht ganz in deinen Händen.
Darum empfehle ich mich immer neu
deiner Liebe und Gnade.
Schenke mir deine Freude auch jetzt,
da ich nicht mehr so viel tun kann.
Erhalte jung und froh mein Herz,
bis ich einst in Frieden dein Antlitz schaue.

Sammle dir jeden Tag etwas Ewiges,
das dir kein Tod raubt,
das den Tod und das Leben
dir jeden Tag lieblicher macht.

Johann Kaspar Lavater

Herr, du lebst unerkannt in unserer Mitte.
Hilf mir, daß ich dich erkenne
und daß ich auch tue,
was du von mir erwartest.
Hilf mir besonders heute,
daß ich den ganzen Tag über bereit bin,
deinen Willen zu erfüllen
und mit dir zu leben.

Neue Aufgaben

**Mit jedem Tag schenkst du mir
auch neue Aufgaben.
Solange ich lebe,
kann ich Gutes tun,
jeden Tag ganz neu.
Ich will dir heute begegnen
und deinen Willen tun.
Hilf mir, dich zu sehen:
in jedem guten Werk,
in jedem Menschen,
in jedem Leid,
das ich zu tragen habe.**

*Wer von euch kann
mit all seiner Sorge
sein Leben auch nur
um eine kleine Zeitspanne
verlängern?*

Mt 6,27

*Nicht was er mit seiner Arbeit erwirbt,
ist der eigentliche Lohn des Menschen,
sondern was er durch sie wird.*

John Ruskin

Gib mir Kraft

**Wenn ich auch nichts Großes leisten kann,
so opfere ich dir doch alles auf,
was mir so ein Tag bringt:
die kleinen Arbeiten und Mühen,
die Schwierigkeiten und Opfer.
Wenn man sich einsam und verlassen fühlt,
spürt man stärker die kleinen Leiden.
Dies alles will ich dir aufopfern.
Ich will heute arbeiten, soweit ich kann,
um zu helfen und Freude zu bereiten.
Gib mir für diesen Tag die Kraft dazu.**

**Herr, gib meinem Leben heute
durch deine Gegenwart
festen Halt und klare Richtung.
Ich will mein Denken und Fühlen
auf dich richten,
damit es ein guter Tag werde.**

**Du bist mit mir,
und ich will mit dir sein.**

*Was wir heute tun, entscheidet,
wie die Welt morgen aussehen wird.*
Boris Pasternak

Wie wunderbar ist Gott

O Gott, du mein Halt, wie wunderbar
ist deine Gegenwart in meinem Leben.
Ich kann es nicht bei mir behalten –
ich muß dir danken,
und ich muß es weitersagen.

Gott ist da, und Gott ist gut.
Gütig ist er und erbarmend. Er hält uns,
wenn wir meinen in den Abgrund zu stürzen.
Er richtet uns auf, wenn wir
hoffnungslos und verzweifelt sind.
Er ist uns Licht, wenn Finsternis uns umgibt.
Er ist bei denen, die zu ihm rufen.
Er hört ihren gequälten Schrei und rettet sie.

Gott, du mein Halt, wie wunderbar
ist deine Gegenwart in meinem Leben.
Du behütest alle, die dich lieben;
du führst sicher, die sich dir anvertrauen;
du rettest die, die auf dich hoffen.

Auch wenn ich nicht weiß, wie es weitergeht,
auch wenn ich nicht weiß, was ich tun soll,
so blicken doch meine Augen auf dich, Herr,
denn du bist mein Halt, und wunderbar
ist deine Gegenwart in meinem Leben.

Severin Schneider

Wohl dem, der in seiner Not nicht verzweifelt,
sondern seine Hand bittend zu Gott erhebt:
Er wird getröstet werden.

Wohl dem, der in seinem Schmerz auf die Knie fällt
und Gottes unergründlichen Willen gutheißt:
Er wird einen Weg aus dem Leid finden.

Wohl dem, der seine Armut erkennt
und vertrauensvoll um Gottes Hilfe bittet:
Er wird mehr bekommen, als er erwartet.

Wohl dem, der sich in allem auf Gott verläßt
und Gott dankt für seine Gaben:
Er wird glücklich sein.

Du gibst noch Zeit

**Wie wäre es mir wohl ergangen,
wenn du mich schon vor einigen Jahrzehnten
aus dieser Welt abberufen hättest?
Damals stand ich in der Blüte der Jahre,
im Drang der Geschäfte
und Unternehmungen,
im Sturm der Hetze und Leidenschaft,
unter dem Druck mancher Zwänge.
Du hast mir viele Jahre geschenkt,
daß ich besser und reifer werden konnte,
um Vertanes und Versäumtes nachzuholen,
Verfehltes wiedergutzumachen
und Ungeordnetes wieder zu ordnen.
Dafür danke ich dir alle Tage meines Lebens.**

*Nimm jeden Tag
als ein Leben für sich.*
Seneca

**Herr, laß heute
meine Sehnsucht nach Liebe
Erfüllung finden durch Menschen,
die du mir geschenkt hast,
und durch das Wissen,
daß auch du mich liebst.**

III.
Mensch bleiben

Mensch bin ich, dein Geschöpf,
ein Werk aus deinen Händen,
nach deinem Bild geschaffen,
getragen von deiner Liebe.
Das macht meine Größe aus,
den Adel meines Daseins.
Und du, großer Gott, bist mein.
Ich lebe von deiner Gnade.
Was will ich mehr?
Ich freue mich und danke dir.

Erneuert euren Geist und Sinn!
Zieht den neuen Menschen an,
der nach dem Bild Gottes
geschaffen ist in wahrer
Gerechtigkeit und Heiligkeit.
Eph 4,23-24

Du hast mir die Freude geschenkt,
und dankbar darf ich sie genießen.
Stets habe ich mich darum bemüht,
etwas zu erreichen und zu werden
und mich darüber freuen zu können.
Wenn auch heute vieles vorbei ist,
so hat mein Leben doch schöne Seiten,
und dafür danke ich dir von Herzen.

Du hast mir das Leben geschenkt
und willst, daß ich es in Fülle habe.

Du bist gekommen,
zu suchen und zu retten,
was verloren war,
und liebst auch mich.

Du bist der gute Hirt,
der sein Leben hingibt für die Seinen,
und hast auch mich erlöst.

Mein Leben ist wertvoll,
weil du mich gesegnet hast.

Wenn wir nachdenken über unser Leben,
sollte uns eigentlich die Tatsache,
daß wir am Leben sind,
am meisten überraschen.
Reinhold Schneider

Herr, gib mir meine erste Liebe wieder,
damit auch mein Ende zu dir führe.
Gib mir die Begeisterung der Jugend,
damit auch mein Alter gesegnet sei.

Pauli Bekehrung

Saulus wütete immer noch mit Drohung und Mord gegen die Jünger des Herrn. Er ging zum Hohenpriester und erbat sich von ihm Briefe an die Synagogen in Damaskus, um die Anhänger des neuen Weges, Männer und Frauen, die er dort finde, zu fesseln und nach Jerusalem zu bringen. Unterwegs aber ... geschah es, daß ihn plötzlich ein Licht vom Himmel umstrahlte. Er stürzte zu Boden und hörte, wie eine Stimme zu ihm sagte: Saul, Saul, warum verfolgst du mich? Er antwortete: Wer bist du, Herr? Dieser sagte: Ich bin Jesus, den du verfolgst. Steh auf und geh in die Stadt; dort wird dir gesagt werden, was du tun sollst. Seine Begleiter standen sprachlos da; sie hörten zwar die Stimme, sahen aber niemand. Saulus erhob sich vom Boden. Als er aber die Augen öffnete, sah er nichts. Sie nahmen ihn bei der Hand und führten ihn nach Damaskus hinein.

In Damaskus lebte ein Jünger namens Hananias. Der Herr sprach zu ihm: Geh nur! Denn dieser Mann ist mein auserwähltes Werkzeug: Er soll meinen Namen vor Völker und Könige und die Söhne Israels tragen. Ich werde ihm auch zeigen, wieviel er für meinen Namen leiden muß. Da ging Hananias hin und trat in das Haus ein; er legte Saulus die Hände auf und sagte: Bruder Saul, der Herr hat mich gesandt, Jesus, der dir auf dem Weg hierher erschienen ist; du sollst wieder sehen und mit dem Heiligen Geist erfüllt werden. Apg 9,1-8.10.15-17

**Wie oft bin ich verblendet inmitten
meiner alltäglichen Unternehmungen
und laufe falschen, trügerischen Zielen nach.
Wie oft erkenne ich Gott nicht
in den Fügungen meines Lebens
und lebe so an meiner Berufung vorbei.
Herr, rufe mich zurück,
wenn ich in die Irre gehe.
Gib mir neue Einsicht und Kraft,
daß ich mich zum Besseren hinwende.
Wende mein Herz dir zu und sei mir gnädig.
Gib meinem Leben neuen Inhalt und Wert.**

Wer wird mich ersetzen?

Ein Kennzeichen unserer Leistungsgesellschaft ist, daß jeder, auch der beruflich Hochstehende, erstaunlich rasch ersetzbar ist und aus dem Gedächtnis seiner Mitarbeiter verschwindet, wenn er einmal nicht mehr aktiv in das Handeln eingreifen kann. Seine menschliche Wirkung ist schon nach kurzer Zeit wie vergessen. Die Leistungen, auf die er so stolz war, gehen unter in der schnellen Weiterentwicklung. Die Auswechselbarkeit in der technischen Welt ist selbstverständlich, ja geradezu erwünscht, weil heute fast jeder Beruf nur in einer Funktion besteht, die reibungslos ablaufen muß. Das spezifisch Menschliche kommt dabei kaum zum Durchbruch. Funktionen lassen sich durch Funktionen ersetzen, meist durch noch bessere. Wenn alles nur nach seiner aktuellen Brauchbarkeit beurteilt wird, geschieht dies uneingestanden auch beim Menschen. Müssen wir uns damit abfinden?

Man ist nur schön,
wenn man zugleich
auch menschlich ist.

Jean Anouilh

Einen Leib hast du mir gegeben,
ein Wunderwerk deiner Schöpfung.
Und seine Kräfte und Fähigkeiten
haben mir geholfen, mich zu bewähren.
Gib, daß ich gesund bleibe,
glücklich und zufrieden,
daß ich davon auch weitergeben kann
an meine Mitmenschen.

Wohne du in meinem Herzen,
daß ich ein lebendiger Tempel bin,
in dem du wirkst.

Wißt ihr nicht, daß euer Leib
ein Tempel des Heiligen Geistes ist,
der in euch wohnt
und den ihr von Gott habt?
Ihr gehört nicht euch selbst;
denn um einen teuren Preis
seid ihr erkauft worden.
Verherrlicht also Gott in eurem Leib!
1 Kor 6,19-20

Leben mit dem Schatten

Der Schatten, mein ständiger Begleiter. Sehe ich ihn nicht, so fühle ich ihn doch, diesen Störenfried. Wie Wolken den Sternenhimmel verdecken, so verdeckt oft ein dunkler Fleck in mir den guten Kern und läßt mich irren.

Stehen wir nicht mit einem großen Rest ungelöster Fragen da, die uns belasten? Gibt es denn keine Möglichkeit, diesen Schatten zu überwinden? Oder sich seiner Auswirkung zu entziehen? Ist es die Schuld des Menschen, wenn dieser Schatten sein Leben so drückend überlagert? Oder wer ist schuld?

Die Erfahrung der Grenze, der Enttäuschung und Krise muß nicht unbedingt im Dunkel von Verzweiflung und Tod enden. Der Suchende kann auch ein Heimgesuchter werden und auf den stoßen, der größer ist und alle Fäden in der Hand hat. Auch in extremen Lebenslagen findet der Mensch die Kraft zu überleben. Es kann dabei zu einer Akzentverschiebung in der Wertskala seines Lebens kommen und die Überzeugung wachsen, daß er nicht so wichtig ist, wie er meint, weder er noch seine Leistungen, noch seine Zukunftspläne. Gerade durch Leiden finden viele einen neuen Sinn und Zusammenhang in ihrem Leben. Und einen Zugang zu Gott.

Wertvoll durch dich

Wert hat der Mensch durch dich, o Gott,
nicht erst durch seine Leistung,
auch nicht durch Schönheit und Reichtum.
Du mißt nicht mit menschlichem Maß.
Vor dir zählt das Glaubenszeugnis,
das in den Prüfungen standgehalten hat.
Darin soll mein Leben seinen Wert behalten,
daß ich die geistigen Werte hochschätze
und dir treu diene bis ans Ende.

Wie hoch dich Gott einschätzt,
magst du daran erkennen,
was er für dich geworden ist.
Bernhard

Ihr seid mit Christus auferweckt;
darum strebt nach dem,
was im Himmel ist,
wo Christus zur Rechten Gottes sitzt.
Richtet euren Sinn auf das Himmlische
und nicht auf das Irdische!
Kol 3,1-2

Was zählt?

Der persönliche Lebenswert war früher mehr abhängig von der Kraft und Wendigkeit, von Gesundheit und geistiger Frische. Auch heute werden wir in Beruf und Familie nach wirtschaftlicher Produktivität beurteilt, und im öffentlichen und privaten Leben zählen Macht und Einfluß, Wissen und Geld. Und doch sind wir in unserer Zeit im Alter besser geschützt durch Rente und Kasse, durch Organisationen in Staat und Kirche.

Was aber ist das alles,
wenn du nicht der Inhalt unserer Tage bist?
Bei dir, Herr, zählt der gute Lebenswandel,
Glaube und Vertrauen und ein gutes Herz.

Herr, dein Dasein ist Leben,
dein Leben Liebe und deine Liebe
ein unerschütterlicher Freudenquell.
Darum müßte sich meine Seele
deiner freuen an jedem Morgen,
den du mir schenkst.
Und mein Herz müßte stets dir vertrauen,
sooft ich am Abend meine Augen schließe.
Vollende, was du in mir angefangen hast,
beschütze mich und verlaß mich nicht,
denn deine Güte ist besser als Leben.

Johann Kaspar Lavater

Entscheidung an Christus

Als Christ glaube ich an den Sinn des Lebens, weil Gott mich geschaffen, mir den Heilsweg in Christus gezeigt und mich für das Leben in ewiger Seligkeit berufen hat. Ein solcher Ernst steht dahinter, daß daraus Leben oder Tod folgen. Katharina von Foligno läßt einmal Jesus sagen: „Nicht zum Spaß hab ich dich geliebt, nicht um Theater zu spielen, habe ich mich ans Kreuz schlagen lassen!" So ernst es Christus war, sollte es auch uns sein.

Sag nicht: „Der Herr ist schuld, daß ich Unrecht getan habe." Er veranlaßt niemals etwas, das er haßt! Sag nicht: „Er selbst hat mich in die Irre geführt." Zur Ausführung seiner Pläne braucht er keinen Sünder. Der Herr haßt alles, was abscheulich ist, darum kann keiner so etwas lieben, der ihn ernst nimmt. Am Anfang, als der Herr den Menschen schuf, hat er ihm die Freiheit zu eigener Entscheidung gegeben. Wenn du willst, kannst du seine Gebote halten. Von deiner Entscheidung hängt es ab, ob du ihm die Treue hältst. Er hat Feuer und Wasser vor dich gelegt; du selbst hast die Wahl, welches von beiden du nehmen willst. Du kannst wählen zwischen Leben und Tod und bekommst, was du wählst. Die Weisheit des Herrn und seine Macht sind groß, und er sieht alles. Er weiß alles, was ein Mensch tut. Freundlich blickt er auf die, die ihm gehorchen. Er hat keinem befohlen, schlecht zu sein, und keinem erlaubt, Unrecht zu tun.

Sir 15,11-20

**Herr, du hast mich erschaffen und erlöst,
du gehst mit mir durchs Leben,
du schenkst mir täglich neu deine Liebe:
Ich glaube an deine Liebe zu mir
und vertraue darauf, daß du mir hilfst.
Ich sage ganz bewußt ja zu dir
und erwähle dich zum Herrn meines Lebens.
Ich sage ja zu deinen Plänen mit mir
und bin bereit, deinen Willen zu erfüllen.
Ich widersage allen bösen Neigungen
und will mich bemühen, nur Gutes zu tun.
Ich nehme alles, Freude und Leid,
Leben und Tod, aus deiner Hand ergeben an.
Hilf mir, daß ich dir verbunden bleibe.**

**Erhalte mir die Fröhlichkeit,
den Sinn für Freude und gute Unterhaltung.
Laß mich nicht klagen und jammern
und mich ergehen in trauriger Verzweiflung,
weil Bosheit und Leid das Leben verdüstern.
Laß mich auch nicht ausgelassen sein,
nicht oberflächlich nur im Spaß aufgehen.
Taktvoll will ich anderen helfen,
in allem das Positive zu entdecken.
Du bist mein Gott, darüber freue ich mich
und künde es allen Menschen.**

Freut euch im Herrn zu jeder Zeit! Noch einmal sage ich: Freut euch! Eure Güte werde allen Menschen bekannt. Der Herr ist nahe. Sorgt euch um nichts, sondern bringt in jeder Lage betend und flehend eure Bitten mit Dank vor Gott! Und der Friede Gottes, der alles Verstehen übersteigt, wird eure Herzen und eure Gedanken in der Gemeinschaft mit Christus Jesus bewahren.
Phil 4,4-7

**Herr, ich bitte dich für die Fröhlichen,
deren Freude begeistert und ansteckt.
Erhalte ihnen diese Fröhlichkeit,
und lehre sie auch den Weg zu dir,
der du die ewige Freude bist.**

Erhalte mir die Kraft

**Erhalte mir die Gesundheit,
mein höchstes Gut.
Wenn alles mich verläßt,
dann laß mir, bitte,
noch die eigene Kraft.
Wenn ich auch nicht mehr
schnell und sicher bin,
so laß mich doch sachte
meine Ziele erreichen.
Erhalte mir die Gesundheit
der Seele und des Leibes.**

**Lobe den Herrn, meine Seele,
und alles in mir seinen heiligen Namen!
Lobe den Herrn, meine Seele,
und vergiß nicht, was er dir Gutes getan hat:
der dir all deine Schuld vergibt
und all deine Gebrechen heilt,
der dein Leben vor dem Untergang rettet
und dich mit Huld und Erbarmen krönt.
Der Herr ist barmherzig und gnädig,
langmütig und reich an Güte.
Er handelt an uns nicht nach unsern Sünden
und vergilt uns nicht nach unsrer Schuld.
Wie ein Vater sich seiner Kinder erbarmt,
so erbarmt sich der Herr
über alle, die ihn fürchten.** Aus Ps 103

Petrus auf den Wellen

Noch nie ist Petrus, der Fischer, auf dem Wasser gegangen. Aus eigener Erfahrung hätte er nicht einen Schritt aus dem Boot gewagt. Er handelt nur aus dem Glauben an Christus, der ihn das Boot zu verlassen aufträgt. Auf Christus geht er zu.

Glaube ist nicht von der Erfahrung abhängig, sondern vor ihr da. Bis der Beweis erbracht oder ein Werk getan ist, geht der Mensch im Glauben vorwärts, trotz Enttäuschung und Schwierigkeit, weil ihn der Glaube dazu drängt. Das Leben verlangt solche Vorstöße ins Unsichere, solches Vertrauen auf Gott, das sich im Handeln bewährt.

Petrus reagiert ganz spontan. Er geht auf Jesus zu. Die Wellen aber lassen ihn zweifeln. In der größten Gefahr klammert er sich an den Herrn, schreit zu ihm um Hilfe. Das ist seine Rettung.

Der du mich bis hierher gebracht,
so treulich mich geleitet,
auf jedem Pfade mein gedacht
und huldreich mich begleitet;
wie kann ich's je vergelten dir?
Wohin ich nur mich wende,
seh ich gebreitet über mir,
Herr, deine Segenshände!

Friedrich Oser

**Herr, schenke mir einen festen Glauben.
Laß mich im Sturm des Lebens daran denken,
daß du mir nahe bist und hilfst.
Mit dir kann ich Dinge vollbringen,
für die es keine Erklärung gibt.
Not und Leid bekommen Sinn und Wert.
Auf dein Wort hin kann ich vergeben
und langdauernde Probleme überwinden.
Rufe mich in der Kraft des Glaubens
heraus aus der Enge meiner Erfahrungen
hinein in ein neues Vertrauen zu dir.
Sage mir beim Wagnis jeden Neubeginns,
den du von mir erwartest:
Hab keine Angst, ich bin es, komm!**

Dank für den Verstand

Herr, ich danke dir für den Verstand,
er ist ein wertvolles Geschenk deiner Liebe.
Durch ihn kann ich die Wahrheit erforschen,
viele Zusammenhänge der Welt verstehen,
die Güter und Kräfte der Natur nutzen
und ein sinnvolles Leben führen.
Durch ihn kann ich auch zu dir finden.

Ich danke dir für alle Freuden,
die ich durch den Verstand verkosten darf:
für alles Schöne in Dichtung und Musik,
für alle Wahrheit, die mein Leben füllt,
für alles Gute, das ich getan habe,
für jedes Wort, das du mir geoffenbart hast,
für jede Anregung in meinem Inneren,
durch die du mich angesprochen hast.
Ich danke dir, daß du die Wahrheit bist,
das Ziel und die Erfüllung meines Lebens.

Bewahre mir eine frische Geisteskraft,
auch wenn ich körperlich schwächer werde.
Stumpfsinn und Niedergeschlagenheit
sollen nicht das Los meines Alters sein.
Stärke mich, auch das Schwere zu ertragen.
Laß die unnötigen Fragen und Probleme,
mit denen ich mich oft herumschlage,
zurücktreten vor der großen Frage,
wie ich einst vor dir erscheinen werde.

Das Gute wollen

**Den Willen hast du mir gegeben,
daß ich allen Widerständen zum Trotz
mich für das Gute einsetze.
Wie herrlich ist ein starker Wille,
den keine Drohung oder Verlockung beugt,
der unbeirrt darauf gerichtet ist,
Gutes zu tun und deinen Willen zu erfüllen.
Bewahre mich vor Täuschung
oder Verführung,
wenn vieles auf mich einstürmt,
und vor Schwachheit und Fahrlässigkeit,
wenn vieles mich ablenken will.
Gib mir einen starken Willen,
der unbeirrt am Guten festhält.
Gib mir Energie und Ausdauer,
daß ich nicht müde werde in deinem Dienst.
Gib mir Schwung und Mut,
daß ich mich auch durchsetzen kann.
Gib mir Beweglichkeit,
daß ich nicht starrköpfig werde.
Gib, daß ich in allem nur das Beste suche.**

*Nichts kommt so, wie man es erhofft,
aber auch nichts so, wie man es befürchtet.*

Marcel Proust

„Der Ort, an dem man wohnt", sagt Sidney Kingsley, „kann furchtbar wichtig sein; er kann einem die Chance bieten, etwas zu werden, oder er kann einen kaputt machen." Auch die Art unserer Wohnung ist wichtig, wie groß sie ist, wie eingerichtet, welche Möglichkeiten sie bietet für Arbeit und Erholung, Besinnung und frohes Beisammensein. Mit den einzelnen Räumen, Gegenständen und Bildern sind beispielsweise viele Erinnerungen an besondere Erlebnisse verbunden. Wer seine Wohnung aufgibt oder umzieht, gibt oft auch die Art auf, wie er dort leben konnte.

Es kann aber auch ein Segen sein, wenn man umziehen oder in ein Altenheim gehen kann. Mancher erstickt fast an der Überfülle von angesammelten Utensilien und Kleidern und vertut mit dem wöchentlichen Abstauben und Einordnen viel Zeit und Kraft.

Und mancher Gegenstand erinnert an traurige Ereignisse. So ist die Frage berechtigt: Ist meine Wohnung ein Ort der Freude oder der Trauer? Und kann ich etwas machen, daß ich mich in den vier Wänden wohlfühle? Wenn ich nicht dafür Sorge trage, wer soll es dann tun?

Herr, segne dieses Haus und seine Bewohner,
schenke ihnen Geborgenheit und Sicherheit
und gute Menschen, die sie lieben.
Sei du die Mitte ihrer Interessen
und der Inhalt ihres Lebens und Strebens.
Laß sie alle Tage froh und glücklich sein.

Aus dem Haussegen

Ein fester Charakter ist viel wert
und eine Gabe aus deiner Hand.
Denn du, o Herr,
willst uns gefestigt sehen im Guten
und willst in der Entscheidung
nicht Wankelmut und Unsicherheit.
Bewahre mich jedoch davor,
daß ich unbeweglich werde
und stur in meiner Haltung.
Laß mich in aller Gewohnheit und Sicherheit,
in aller Zuverlässigkeit und Treue
doch auch auf die Liebe achten,
die stets von neuem verlangt wird.
Auch du gibst mir immer neu deine Gnade.
Ich möchte deine Güte weitergeben,
so wie es jeder Mensch begehrt.

Herr, für die Zukunft bitte ich dich:
Gib mir einen offenen Geist,
daß ich die Fülle und Schönheit sehe,
die du auch mir schenkst.
Und laß mich auf sicherem Weg
meiner Vollendung entgegengehen.

Laß dich nicht vom Bösen besiegen,
sondern besiege das Böse durch das Gute!
Röm 12,21

Andere ertragen

Hilf mir, den anderen zu ertragen,
so wie er ist, denkt und handelt.
Oft ist es mein geheimer Wunsch,
daß alle meiner Ansicht seien
und meine Überzeugung haben.
Laß mich für die Wahrheit eintreten
mit Liebe und Geduld,
ohne den anderen zu verletzen.
Laß mich die Wahrheit lieben
und den Menschen, der mir begegnet.
Laß mich den anderen erst begreifen,
dann kann ich ihn auch besser ertragen.
Du mutest mir die Mitmenschen zu
und willst, daß ich sie von Herzen liebe.
Wir sind doch alle deine Kinder.
Du liebst einen jeden, wie er ist.
Hilf mir, daß ich den anderen
nicht nur ertrage,
sondern auch von Herzen liebe.

Lernt, zufrieden zu sein –
wer seine eigene Gesellschaft
nicht erträgt, sollte sie
nicht anderen zumuten.

Karin Böcker

Der arme Lazarus vor der Tür

Ich kenne jemand, dessen Leben orientiert sich an der Ruhe. Er will von niemand gestört werden, geht nirgends hin und hat alles. Seine Wohnung ist perfekt eingerichtet, die Rente ist gut, das Konto paßt. Neun Fernsehprogramme kann er empfangen, liest die beiden wichtigsten Zeitungen und kennt sich in der Politik aus. Er ist gesund, hat kaum Altersbeschwerden und hat einen Diener, besser gesagt: eine Dienerin. Es ist seine Frau. Sie tut für ihn alles, was sein Herz begehrt. Sie kann sich auch nichts anderes vorstellen, als bei ihm zu sein und für ihn alles zu tun, wie sie es zeitlebens getan hat. Auch sie ist glücklich.

Wunderbar. Auch in der Bibel wird von einem reichen Mann berichtet, der es sich leisten konnte, in Saus und Braus zu leben. Dagegen ist wenig einzuwenden. Er hatte nur einen Fehler, daß er den Armen vor seiner Tür nicht beachtete. Der hätte ihm im Jenseits geholfen, wenn sich der Reiche nicht durch einen so breiten Graben vor ihm geschützt hätte, um sich in seiner Ruhe nicht von ihm stören zu lassen. Theresia von Avila sagt: „Niemand geht allein in den Himmel oder in die Hölle: jeder bringt andere mit." Vielleicht um anzuklagen oder auch um sich eine Ewigkeit über die Güte des anderen zu freuen.

Siehe Lk 16,19-31

**Herr, ich danke dir für jeden Menschen,
der mir im Alltag des Lebens begegnet.
Gib mir ein gutes Herz in der Begegnung,
Verständnis und Güte im Gespräch,
eine offene, hilfreiche Hand in der Not.
Laß uns Brüder und Schwestern sein
und in der Liebe auch dir begegnen.**

An das Gute gewöhnt

**Ich habe mich daran gewöhnt, nach einer bestimmten Art zu leben und zu handeln.
Auch meine Gedanken und Vorstellungen verlaufen gerne in bestimmten Bahnen.
Die Erfahrung vieler Jahre ist mir heute nützlich, mein Leben recht zu meistern, ohne in der Gewohnheit zu verhärten.
Mache mich offen für das Neue,
das du mir täglich bereitest.
Du sorgst durch unvorhergesehene Dinge immer wieder für Überraschungen.
Bewahre mich davor,
daß ich mich deinem Anruf verschließe
durch bequem gewordene Gewohnheiten.
Mache mich offen für den Augenblick.
Hilf mir, daß ich mich leicht
auf neue Situationen einstellen
und immer wieder neu beginnen kann.
Noch bin ich nicht am Ende
mit meinem Wissen und Können,
mit meinem Beten und Glauben.
Ich freue mich und danke dir
für den Reichtum meines Lebens.**

*Es geschieht nichts Gutes –
außer man tut es!*

Erich Kästner

Herr, gib, daß ich wie ein wahrer Christ
dich als meinen Vater und Gott erkenne,
in welcher Lage ich mich auch befinde.
Denn wenn sich auch mein Zustand ändert,
so doch nicht der deine.
Du bist immer der Gleiche, auch
wenn ich ein Opfer der Veränderung bin.
Du bist der gute Gott,
wenn du heimsuchst und strafst, aber auch
wenn du tröstest und Nachsicht übst.

Blaise Pascal

Wer gesund ist,
weiß nicht, wie reich er ist.

Spruch

Herr, gib jedem die Überzeugung,
daß alles Gute von dir kommt,
damit uns nicht Freud oder Leid
selbstsüchtig von dir abwende.
Bleibe uns immer nahe.

Ich bitte nicht um die Freuden der Welt,
denn dadurch bin ich um nichts gebessert.
Ich bitte um deinen Geist,
der mich erleuchtet und stärkt
im Vertrauen auf deine Gnade.
Erhalte mich darin bis an mein Ende.

Erfüllung in dir

**Herr, mache mich fähig,
den Wert und Sinn des Alters zu verstehen.
Meine Erfüllung finde ich nur in dir.
Du aber wirst nicht fragen,
ob einer reich und mächtig war,
sondern was er
aus seinem Leben gemacht hat.
Gib mir darum Klugheit und Geduld,
daß ich mich mit Sehnsucht und Vertrauen
auf die Vollendung in dir bereiten kann.**

Man sagt sich oft im Leben, daß man die Vielgeschäftigkeit vermeiden, besonders je älter man wird, desto weniger in ein neues Geschäft einlassen soll. Aber man hat gut reden, gut sich und anderen zu raten. Älterwerden heißt selbst ein neues Geschäft anzutreten; alle Verhältnisse verändern sich, und man muß entweder zu handeln ganz aufhören, oder mit Willen und Bewußtsein das neue Rollenfach übernehmen.

Johann Wolfgang von Goethe

Um Geduld

Herr, schenke mir Geduld mit mir selber,
daß ich nicht mutlos werde und verzage,
wenn ich nicht so bin, wie ich gerne wäre,
wie andere mich oft haben wollen
oder wie ich vor dir sein sollte.
Es ist nicht leicht, immer wieder zu kämpfen
gegen die Schwächen des eigenen Herzens.
Doch hast du Geduld mit mir,
so will auch ich mit mir geduldig sein.

Herr, schenke mir Geduld
mit den Mitmenschen,
die oft nicht leicht zu ertragen sind.
Nur weil sie gesund sind oder jünger als ich,
spielen sie sich zuweilen auf,
als wäre ich ihnen ausgeliefert
und als hätten sie die Weisheit gepachtet.
Doch Schwächen und Fehler haben wir alle,
und du erwartest mit Recht von uns,
daß einer des anderen Last mittrage.
Doch hast du Geduld mit diesen Menschen,
dann will auch ich mit ihnen geduldig sein.

Herr, schenke mir jeden Tag die Geduld,
denn ich brauche sie wie das tägliche Brot.
Und gib auch den Mitmenschen
Geduld mit mir.

Die Kunst des Aufschiebens

„Wenn ich einmal pensioniert bin, werde ich alles nachholen, was ich mir längst schon vorgenommen habe, wozu ich aber nie gekommen bin", so seufzen die Vielbeschäftigten, die sich keine Zeit nehmen, um längst fällige, äußerst notwendige und höchst nützliche Dinge zu tun.

Wir haben pro Tag 24 Stunden und für jede Sache so viel Zeit, wie wir uns dafür nehmen. Aber für manches nehmen wir uns eben keine Zeit, obwohl es wichtig wäre. Wie werden wir damit fertig? Ganz einfach: man schiebt es auf. Man sagt sich: Ich werde es schon erledigen, aber nicht jetzt, sondern später.

Manche sind Meister im Aufschieben. Sie schieben wie ein Bulldozer Mengen von Vorsätzen und Verpflichtungen vor sich her und jonglieren mit Terminen und tollen Ausreden, sie treiben einen Aufwand an Energie und Lebenskunst mit Spannung und Gereiztheit, Druck und Nervosität – und oft würde ein Minimum an Anstrengung und Zeit genügen, die Tagesaufgaben zu erledigen und Verpflichtungen abzusagen.

Warum lassen sich manche so stark treiben?

**Herr, hilf mir, meine Zeit einzuteilen.
Laß mich froh sein über jedes erledigte Werk.
Bewahre mich davor, Dinge aufzuschieben,
die ich leicht und schnell erledigen kann.
Hilf mir vor allem im religiösen Bereich,
daß ich die lebenswichtige und notwendige
Änderung und Bekehrung nicht aufschiebe,
denn sonst betrüge ich mich um die Freude,
die in der Hinwendung zu dir liegt.
Laß mich erkennen, was mir zum Heile dient.
Gib mir Mut, Kraft und Phantasie,
jede Gelegenheit beim Schopf zu packen,
um mein eigenes Leben mit Inhalt und Wert,
mit Freude und Lebendigkeit zu füllen.**

Ich will vergeben

Wie du mir vergibst, will auch ich vergeben,
Herr, heute erteile ich Generalamnestie:
Jeder Mensch, der mir bewußt Böses getan,
der mir seine Liebe und Achtung
verweigert hat,
der mich belogen,
betrogen oder hintergangen,
ausgenützt, beschimpft oder geschädigt hat:
jedem verzeihe und vergebe ich von Herzen.

Alles verzeihe ich,
woran ich jetzt denke und
woran ich mich nicht mehr genau erinnere:
Ab heute ist für alle und für alles
ein Neuanfang.
Ich verzichte auf jedes Recht der Vergeltung,
auf jede Wiedergutmachung oder Bestrafung.
Nimm mir die Erinnerung
an erlittenes Unrecht.
Wie du mich täglich neu beginnen läßt,
sollen auch andere neu beginnen
ohne jede Hypothek von mir.
Und du, Herr, schenke uns allen Gesundheit,
Frieden und Freude,
Erfolg und Zufriedenheit.
Sei du der Garant für unsere Vergebung,
und schenke uns einen guten Neuanfang.

IV.
Das Leben meistern

Ein schöner Lebensabend

**Herr, ich danke dir,
daß ich in der heutigen Zeit lebe
mit einem gesicherten Lebensabend.
Ich habe genug gearbeitet,
viel Zeit und Kraft geopfert,
daß ich es jetzt gut haben kann.
Erhalte mir die Gesundheit,
den Frieden und die Freude,
damit es ein schönes Leben sein kann.
Gib mir bei allem Wohlstand
auch gute Menschen an die Seite,
mit denen zu leben es Freude macht.**

**Herr, hilf mir,
die Wende nach innen zu vollziehen,
denn in mir selber ruhen viele Kräfte,
die mich glücklich und zufrieden machen
und zu dir führen können.
Rühre du mein Inneres an,
daß ich auch Freude am Religiösen habe
und mich auf das Leben mit dir vorbereite.**

Man sieht ein, daß es nicht der Beruf des Menschen ist, Lämmer zu schlachten und Steine zu zerschlagen, sondern daß er geboren ist, mit einer Rose in der Hand spazierenzugehen.

Jean Giraudoux

**Herr, ich glaube an den Sinn meines Lebens,
weil du mich genauso liebst und segnest
wie ein Kind oder einen jungen Menschen.
Auch wenn ich aus der Berufsarbeit scheide
und meine Kraft langsam schwächer wird,
so steht mein Leben doch
in einer Entwicklung
von der Geburt bis zur Vollendung;
und hinter allem stehe ich, dein Geschöpf,
das lebt und wirkt und glücklich ist,
weil ich getragen bin von deiner Liebe.
Du hast mich gewollt und angenommen.
Ich weiß, daß du mich liebst
und mir auch weiterhin nahe bleibst
und daß ich einmal ewig selig werde.**

Laßt sie nur, die ewig Aktiven, die meinen, alles so mehr erlebt, gesehen, gehört, getan zu haben. Dabei haben sie in ihrer Betriebsamkeit doch nur das Oberflächliche und Flüchtige bemerkt. Nur wer oft verhält, in sich ruhig bleibt, dem tun sich nach und nach alle Tiefen auf.

Johannes Adam

Endlich Zeit für Gott

Scheinbar verdanken wir es nur der Medizin, daß die Menschen heute im Durchschnitt etwa 15 Jahre älter werden als vor nicht allzulanger Zeit. In Wirklichkeit aber geschieht mehr. Gott will uns mit dem Alter noch eine Spanne Zeit geben, damit wir nach aller Unruhe endlich Zeit für ihn finden. In der Stille des Altwerdens und angesichts des näherkommenden Todes will Gott dem alten Menschen das Auge öffnen für die Wirklichkeit der Übernatur. Wenn der Mensch dann sein Leben im Lichte der Ewigkeit sieht und gestaltet, dann steht er mittendrin in der Kunst, alt zu werden.

Es kommt nicht in erster Linie darauf an, unsere Fähigkeiten möglichst lange zu erhalten und zu entwickeln. Gott kann uns auch ohne unsere Fähigkeiten brauchen. Für Gott gibt es keine unnützen Greise.

Unser Wohlbefinden und unsere Leistungen sind keine genügenden Maßstäbe für den Sinn oder Unsinn des Lebens. Worauf es allein ankommt, ist, daß wir uns jederzeit aus ganzem Herzen, aus ganzer Seele, mit ganzer Kraft und mit dem ganzen Denken in Gottes Arme werfen und uns mit keinem noch so dünnen Faden an die Vergangenheit festbinden. Denn nur diese Bindungen bedingen das Altern.

Theodor Bovet

**Herr, ich danke dir, daß du mir begegnest:
als Vater, der mich liebt und umsorgt;
als Bruder und Freund, der mit mir geht;
als Beistand, der mir viel Freude bereitet.
Alles erzählt mir von deiner großen Liebe.
Alles soll dir von meinem Dank erzählen.**

Herr, schicke, was du willst,
ein Liebes oder Leides;
ich bin vergnügt, daß beides
aus deinen Händen quillt.
Wollest mit Freuden
und wollest mit Leiden
mich nicht überschütten!
Doch in der Mitten
liegt holdes Bescheiden.

Eduard Mörike

Herr, gib mir helle Augen,
die Schönheit der Welt zu sehn.
Herr, gib mir feine Ohren,
dein Rufen zu verstehn.
Und weiche, linde Hände
für aller Menschen Leid,
und klare Gottesworte
für unsre wirre Zeit!
Herr, gib mir flinke Füße
zu meiner Arbeitsstatt
und eine stille Seele,
die deinen Frieden hat.

Augustinus

**Ich will dem Leben positiv gegenüberstehen
und nicht abfällig über die Gegenwart reden,
nur weil ich selber nicht mehr aktiv bin.
Ich will mich über das Gute freuen,
auch wenn es von anderen kommt.
Ich will weder das Negative übertreiben
noch einseitig nur das Schlechte sehen.
Ich will ertragen, was nicht zu ändern ist,
und daraus das Beste machen.
Herr, gib mir Geduld und Kraft
und einen festen Glauben an das Gute.**

Seid wie Menschen, die auf die Rückkehr ihres Herrn warten, der auf einer Hochzeit ist, und die ihm öffnen, sobald er kommt und anklopft. Selig die Knechte, die der Herr wach findet, wenn er kommt. Amen, ich sage euch: Er wird sich gürten, sie am Tisch Platz nehmen lassen und sie der Reihe nach bedienen. Lk 12,36-37

Glücklich das Volk, dessen Gott der Herr ist! Ps 144,15

*Seine Freude zu erobern ist mehr wert
als sich seinem Schmerz zu überlassen.*
André Gide

Arbeit und Erfolg

Als ich noch jung und rüstig war, ging ich mit großer Freude an die Arbeit. Ich habe mich mit Begeisterung eingesetzt und war beglückt über jeden Erfolg. Es war alles so selbstverständlich. Erst mit zunehmendem Alter begreife ich, welchen Wert Gesundheit und Kraft haben. Ich weiß heute besser, daß Arbeit und Erfolg nicht nur eigene Leistung sind, sondern auch ein Geschenk aus deiner Hand. Herr, ich danke dir für jeden Tag, an dem ich noch etwas arbeiten kann, und für jede noch so kleine Aufgabe, die du mir überträgst.

Auf den Feldern eines reichen Mannes stand eine gute Ernte. Da überlegte er hin und her: Was soll ich tun? Ich weiß nicht, wo ich meine Ernte unterbringen soll. Schließlich sagte er: So will ich es machen: Ich werde meine Scheunen abreißen und größere bauen; dort werde ich mein ganzes Getreide und meine Vorräte unterbringen. Dann kann ich zu mir selber sagen: Nun hast du einen großen Vorrat, der für viele Jahre reicht. Ruh dich aus, iß und trink, und freu dich des Lebens! Da sprach Gott zu ihm: Du Narr! Noch in dieser Nacht wird man dein Leben von dir zurückfordern. Wem wird dann all das gehören, was du angehäuft hast? So geht es jedem, der nur für sich selbst Schätze sammelt, aber vor Gott nicht reich ist. Lk 12,16-21

**Herr, du weißt um meine Bedürfnisse.
Mein Herz schreit nach vielen Dingen.
Der Hunger nach Freude ist größer denn je.
Ich habe Angst, das Eigentliche zu versäumen.
Alles hat seine Grenze und ein sicheres Ende.
Du sagst mir: Nur eines ist notwendig:
Gott suchen und von ganzem Herzen lieben.
Lehre mich, wesentlicher zu werden.
Gib mir Hoffnung und Vertrauen auf dich,
und komme mir in Liebe entgegen.**

**Kein Auge hat es gesehen,
kein Ohr gehört und
in keines Menschen Herz ist es gedrungen,
was du denen bereitest,
die dich lieben.**

Laß dich nicht beirren, wenn einer reich wird und die Pracht seines Hauses sich mehrt; denn im Tod nimmt er das alles nicht mit, seine Pracht steigt nicht mit ihm hinab. Preist er sich im Leben auch glücklich und sagt zu sich: Man lobt dich, weil du dir's wohl sein läßt, so muß er doch zur Schar seiner Väter hinab, die das Licht nie mehr erblicken. Der Mensch in Pracht, doch ohne Einsicht, er gleicht dem Vieh, das verstummt. Ps 49,17-21

Was vier Freunde vermögen

Ein Gelähmter: dem Schicksal ergeben, verzweifelt, ohne Hoffnung; er bewegt und rührt sich nicht, er spricht nicht.

Aber er hat vier Freunde. Die denken für ihn, handeln für ihn, glauben für ihn. Sie kennen Jesus. Der kann heilen. Der liebt. Der tut das Unwahrscheinliche.

Sie theoretisieren nicht, sondern packen zu und tragen den gelähmten Freund zu Jesus. Sie lassen sich nicht abdrängen, werden erfinderisch und decken das Dach ab. Sie legen den Kranken direkt vor Jesus, als wollten sie sagen: Jetzt gehört er dir; zeige, daß du ihn liebst!

Jesus vergibt zuerst die Sünden. Andere ärgert das. Er heilt den ganzen Menschen, Seele und Leib. Der Leib ist sichtbar, die Seele nicht. Wenn am Körper das Unmögliche geschieht, dann sind auch die Sünden vergeben. Wie gut, daß Jesus an beides denkt! Und so etwas hat noch keiner erlebt: Der Gelähmte geht, spricht, arbeitet, ist gesund.

Wo sind meine Freunde, die mich zu Jesus bringen, daß er mich heile?
Wem bin ich Freund, daß ich ihn zu Jesus bringe, damit er ihn heile?

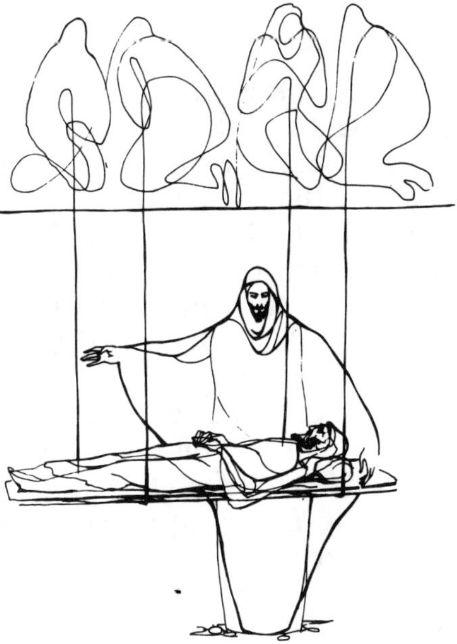

**Vier Freunde sind die Brücke zu dir
und vermitteln neue Kraft und Freude.
Auch ich will anderen helfen,
daß sie bei dir Hilfe und Heil finden.
Laß mich ein Apostel deiner Liebe sein.**

**Das Kreuz ist nicht von mir gewichen,
und oft habe ich nach seinem Sinn gefragt.
Warum reißen die Prüfungen nicht ab?
Du selbst zeigst mir den Sinn der Leiden:
Von allen Mitteln der menschlichen Natur,
die dir zur Verfügung standen,
hast du gerade die Leidensfähigkeit gewählt
und durch Leiden und Sterben uns erlöst.
Die Philosophen suchten das Heil im Wissen,
die Politiker in der Macht und Gewalt.
Die Reichen suchten ihr Heil im Besitz
und viele andere in der eigenen Leistung.
Du aber hast den Willen des Vaters erfüllt:
du hast das Kreuz auf dich genommen
und durch dein Leiden und Sterben uns
erlöst. So erwartest du in Prüfung und Leid
auch unsere größere Liebe und Hingabe.
Hilf mir, daß ich im Leid dir begegne.**

*Wo das Reich Gottes beginnt,
steht das Kreuz.*

Kardinal Alfred Bengsch

*Wenn einer sein Kreuz nicht tragen will,
muß er sich selber tragen.
Und es ist die Frage, was schwerer ist.*

Emanuel von Bodman

Die Weisheit deines Leidens, o Herr,
steht hoch über der Torheit unseres Treibens.
Ich glaube an den Sinn des Leidens
und daß es zu dir führen kann.
Nicht Reichtum und Macht retten uns.
Uns rettet nur deine Liebe und Gnade.
Bin ich auch manchmal schwer geprüft,
so weiß ich doch, daß du mich liebst.
Gib mir die Kraft, das Kreuz zu tragen.
Nach meinem Leid
schenkst du Glück und Freude
und nimmst mich auf in die Seligkeit.
Dafür danke ich dir von ganzem Herzen.

Ich bin überzeugt, daß die Leiden der gegenwärtigen Zeit nichts bedeuten im Vergleich zu der Herrlichkeit, die an uns offenbar werden soll. Denn wir wissen, daß die gesamte Schöpfung bis zum heutigen Tag seufzt und in Geburtswehen liegt. Aber auch wir, obwohl wir als Erstlingsgabe den Geist haben, seufzen in unserem Herzen und warten darauf, daß wir mit der Erlösung unseres Leibes als Söhne offenbar werden. Wir wissen, daß Gott bei denen, die ihn lieben, alles zum Guten führt.

Röm 8,18.22-23.28

Bleibe die Mitte meines Lebens

Eine tiefe Sehnsucht in mir sucht Weisheit.
Ich kann nicht leben von Betrug und Narretei,
von den vielen Illusionen
und Übertreibungen,
die von Fernsehen und Illustrierten ausgehen.
Ich brauche Wahrheit, Glauben, Vertrauen.

Ein Ahnen in mir sucht den Sieg des Guten.
Ich glaube nicht an das allgegenwärtige Böse,
auch wenn ich noch so viel Unrecht erfahre.
Ich brauche Freude, Begeisterung, Segen.

Ein Wollen in mir sucht nach Geborgenheit.
Ich kann nicht leben von der Enttäuschung
und will nicht bleiben in der Verzweiflung.
Ich brauche Hoffnung, Güte, Liebe.

Herr, schenke du mir, was mein Herz sucht.
Schenke mir Kraft, wenn ich schwach werde.
Gib mir Klarheit in der Verwirrung.
Gib mir Erfüllung in meinem Suchen.
Führe mich auf den Weg zu dir.

Kein Weiser jammert um Verlust;
er sucht mit freud'gem Mut ihn zu ersetzen.
William Shakespeare

Wenn jemand schlecht sieht

Meine Augen sind schwächer geworden.
Ich sehe nicht mehr so klar und deutlich.
Vieles entgeht mir, was um mich geschieht
und was in Zeitschriften berichtet wird.
Auch früher habe ich nicht alles gesehen.
Der Schein der Welt hat mich oft betrogen,
so daß ich für gut und wahr gehalten habe,
was in Wirklichkeit ziemlich wertlos war.
Auch dich habe ich nicht immer beachtet,
obwohl du immer bei mir warst.
Jetzt werden meine Augen trübe,
und trotzdem sehe ich vieles klarer.
Auch du bist mir deutlicher geworden.
Dein Wort ist Licht für meine Seele.

Auch wenn es um mich dunkler wird,
so bleibt mir doch viel Freude.
Auch die Erinnerung ist etwas Gutes,
und ich danke dir, daß mir so vieles
in guter Erinnerung geblieben ist.
Erhalte mir die Sehkraft der Seele,
daß ich dich nicht aus dem Blick verliere,
bis ich dich in ungetrübtem Licht
ewig schauen kann.

Es kann ein Glück sein, etwas nicht zu sehen.
August Strindberg

Der barmherzige Samariter

Wie viele plündern andere aus und lassen sie halbtot liegen. Wie viele begegnen den Verwundeten und gehen an den Hilflosen erbarmungslos vorbei, weil sie angeblich wichtigere Dinge zu tun haben.

Der Leidende ist jetzt der Wichtigste. So wichtig, daß sich Christus mit ihm identifiziert. Helfender Dienst wird so Gottesdienst. Der Ort, wo im Geist und in Wahrheit Gott zu dienen ist, wird verlegt an die Stelle, wo ein Mensch leidet.

Und der Helfer ist wichtig. Christus schickt die Berufenen zu jenen Menschen, die nicht nur das Wort Gottes brauchen, sondern auch Hilfe in der je konkreten Not und so vom guten Herzen des Mitmenschen leben.

Christus im Leidenden und Christus im Helfer! In den wichtigsten Gaben Gottes, die unser Leben, unser Glück, unsere Liebe betreffen, sind wir am stärksten mit Gott und mit den Mitmenschen verbunden. Der liebende Vater macht uns zu Brüdern und Schwestern. Das ändert die Welt – wenn einer aus Liebe mittut.

Siehe Lk 10,25-37

Er hört für mich, er sieht für mich,
er spricht für mich, und er geht für mich.

Hermann Ungar

Herr, mache mich zu einem Werkzeug
der Liebe und des Friedens:
daß ich Liebe bringe, wo Haß ist;
daß ich verzeihe, wo Schuld ist;
daß ich vereine, wo Zwietracht herrscht;
daß ich die Wahrheit bringe, wo Irrtum ist;
daß ich Licht bringe, wo Finsternis ist;
daß ich Freude bringe, wo Leid ist.

Hl. Franziskus

Wenn die Ohren nachlassen

**Herr, ich höre nicht mehr wie früher.
Vieles dringt nicht mehr an mein Ohr.
Und manches verstehe ich einfach nicht mehr.
Früher war dies ganz anders:
Ich habe gehört,
wie Menschen reden und lustig sind.
Doch jetzt hat sich manches verändert.
Man spricht auch nicht gerne mit jemandem,
dem man ins Ohr schreien muß.
So kann ich kaum ein vertrautes Wort
mit jemandem wechseln.
Das tut manchmal sehr weh.
Hilf mir, dieses Kreuz richtig zu tragen.**

**Solange wir die vielen Stimmen verstehen,
können wir leicht dein Wort überhören.
Dein Wort schenkst du mir auch heute
trotz meiner tauben Ohren.
Dein Wort gibt mir Kraft und Trost,
Mut und Zuversicht.**

*Selig,
die das Wort Gottes hören
und es befolgen.*
Lk 11,28

**Dein Wort ist mir geblieben, Herr,
das mir in der Heiligen Schrift,
in Lied und Gebet vertraut ist.
Werden auch der Menschen Worte
immer weniger, so kann ich
mit dir immer noch sprechen.
Das ist die Freude meiner Tage
und der Trost in meinen Beschwerden.
Mache mich hellhörig für jedes Wort,
das du mir zu sagen hast,
daß ich es in einem dankbaren Herzen
aufnehme und Frucht trage in Geduld.**

Es genügt nicht, die Wahrheit zu sagen; man muß sie den Menschen zwingend zum Bewußtsein bringen, denn die erste Regung ist ja leider meistens Abwehr.

Georges Bernanos

**Herr, ich höre nicht deshalb auf dein Wort,
weil man mir gesagt hat,
du seist der Sohn Gottes,
sondern weil dein Wort schöner ist
als jedes menschliche Wort,
und daran erkenne ich,
daß du der Sohn Gottes bist.**

André Gide

Altersbeschwerden

**Auch die Beschwerden meines Alters
will ich als Aufgabe annehmen
und meinen Beitrag leisten
zum Segen für die Meinen.
Ich will nicht klagen und jammern.
Ich weiß, du bist und bleibst gut zu mir,
wenn du gibst und wenn du nimmst.
Hilf mir in all den Beschwerden,
dich nicht aus dem Auge zu verlieren.
Laß mich Freude und Leid so tragen,
daß ich stets zu dir finde.**

**Herr, bewahr mich davor,
daß ich blind und gleichgültig werde
gegenüber dem Leid meiner Mitmenschen.
Gib mir ein offenes Auge,
daß ich ihre verborgene Not sehe,
und ein gutes Herz,
daß ich gerne helfe.**

*Ein zufriedener Mensch
ist ein guter Mensch.*
Julius Langbehn

*Vergiß nicht, man benötigt nur wenig,
um ein glückliches Leben zu führen.*
Marc Aurel

Mache mich froh

Herr, du schenkst uns viel Freude im Leben
und siehst uns am liebsten
mit einem frohen Gesicht.
Mache mich von Herzen froh.
Vertreibe meine Traurigkeit.
Überwinde meinen Schwermut,
und nimm mir alles ängstliche Sorgen.
Laß mich an deine Güte und Gnade denken,
daß mir daraus Freude und Kraft erwachse,
um alles richtig zu tragen und zu gestalten.
Mache mich von Herzen froh,
daß ich aus dem Reichtum meiner Freude
auch andere erfreuen kann
und so Licht und Sonne in ihr Leben bringe.

Herr, stille in mir die Sehnsucht
nach Freude, Glück und Zufriedenheit.
Laß mich froh sein im Wissen um deine Liebe,
die mir Nahrung und Kleidung schenkt,
gute Menschen und ein Zuhause.
Wenn auch äußere Gaben und Güter
immer weniger werden oder vergehen,
so erhalte mir doch die innere Freude
und eine unerschöpfliche Zufriedenheit.
Laß mich das Glück in dir finden,
der du auf Dauer glücklich machst.

Wenn ich einsam bin

Herr, du bist immer zugegen
mit deiner Güte und Liebe.
Laß mich daran denken,
wenn ich einsam und verlassen bin;
wenn mich andere zurücksetzen
und keine Geduld mit mir haben;
wenn sie mich nicht teilnehmen lassen
an ihren Freuden und Leiden;
wenn ich mit niemandem sprechen kann,
weil mich andere meiden.
Du bist mein Gott,
zu dir darf ich immer gehen.
Du bist bei mir
jeden Tag meines Lebens.
Du machst mir das Leben erträglich.
Laß mein Denken, Reden und Tun
vom Bewußtsein erfüllt sein,
daß du mich immer liebst.

O Gott, du bist mir kein Fremder,
denn du warst mir immer nahe.
Laß mich auch weiter
auf deine Gnade bauen
und mache mich empfänglich
für deine Liebe.
Ich bin ja ganz angewiesen auf dich.
Bleibe mir immer nahe.

O Herr, ich rufe dich an
aus tiefstem Herzen und Gemüt:
Gewähre du mir, was mir helfen kann,
dich zu verehren.
Gebrauche meine Hände zu deinem Werk.
Beschleunige meine Schritte
zu deinem Dienst.
Benutze meine Zunge, dein Lob zu singen.
Tauche meinen Geist ein in die Betrachtung
von dir und vereine meine Seele mit dir.
Laß meine Seele Ruhe finden,
indem sie ruhet in dir, und laß sie
erfüllt werden mit dem Licht deiner Weisheit.

Rabindranath Tagore

Herr, sorge für mich auch im Alter,
wenn ich nicht mehr so kann wie früher;
wenn sich kaum jemand Zeit für mich nimmt;
wenn ich oft übersehen und vergessen,
wenn ich nicht mehr recht verstanden werde.
Dann schenke mir du, was ich nötig habe.
Und gib mir täglich kleine Freuden,
daß mein Leben auch lebenswert bleibt
bis ins hohe Alter.

O Gott, du hast mich erschaffen,
daß ich dir auf eine besondere Weise diene.
Ein bestimmtes Werk hast du nur mir zugeteilt.
So habe ich meine Sendung und Aufgabe,
meinen Teil in deinem großen Werk.
Du hast mich nicht umsonst erschaffen.
Ich soll Gutes tun und dein Werk vollbringen.
Ich soll ein Bote des Friedens sein,
indem ich deine Gebote halte
und dir in meinem Beruf diene.

Nach John Henry Newman

**Herr, ich danke dir für alle Menschen,
die sich täglich für uns mühen und sorgen,
daß wir zufrieden und froh sein können.
Sicher fällt ihnen das nicht immer leicht.
Auch sie haben ihre persönlichen Probleme
und finden neue an der Arbeitsstätte vor.
Es wird immer nur verlangt und gefordert,
aber wer kümmert sich auch um sie?
Herr, gib allen, die für uns arbeiten,
Kraft, Interesse und Freude,
daß sie uns gut und gerne helfen.
Schenke ihnen auch Zeiten
zum Kräftesammeln,
daß sie gesund und froh bleiben
und ihre Mitmenschen gut verstehen.
Gib ihnen Geduld und auch Liebe zu uns.**

*Welches auch die Gaben sein mögen,
mit denen du erfreuen kannst: erfreue!*
Ovid

*Einem Menschen bedeutet es Freude,
sein Land zu verbessern,
einem anderen, seine Pferde.
Mein Vergnügen liegt darin,
zu beobachten, daß ich selber
von Tag zu Tag besser werde.*
Sokrates

**Ich weiß zwar manches besser als andere,
doch besser als sie handle ich nicht.
Ich tue mich zwar in manchem leichter,
doch liebevoller als andere bin ich nicht.
Ich kann zwar manches mehr leisten,
doch mehr Gutes als andere tue ich nicht.
Gib, daß ich nicht schimpfe und verurteile,
sondern aufgrund meiner eigenen Erfahrung
Verständnis und Geduld mit anderen habe.
Ich will ihre Last mittragen
und zum Guten anregen durch mein Tun.**

**Ich will zu jedem gut sein,
mit dem ich zu tun habe.
Hilf mir, zur rechten Zeit
zu reden oder zu schweigen,
zu raten oder zu handeln.**

*Kritisieren heißt nicht besser machen,
geschweige denn besser wissen,
sondern richtig urteilen:
allem voran das Gute erkennen,
was immer schwierig ist,
und nicht nur das Schlechte tadeln,
was verhältnismäßig leicht ist.*

Ernst Hohenemser

Die Armen und die Mißgestalteten haben
so viele Vorteile erhalten, von Anfang an.
Sie besitzen dich im Übermaß.
Sie haben dich für sich ganz allein,
wie eine große Versicherung,
deren Gebühr ihr Elend ist.

Jean Anouilh

Herr, ich danke dir für die Vögel und Tiere.
Sie zeigen mir das Geheimnis des Lebens
und bringen mir viel Überraschung
und Freude.
Auch sie sind deine Geschöpfe, wie wir,
und haben Teil an der Fülle deines Lebens.
Du hast sie mit Umsicht geschaffen und uns
zum Nutzen und zur Freude gegeben.
Du erwartest mit Recht von uns Ehrfurcht.
Laß mich dankbar und froh die Natur erleben
und hinter allem dich, den Schöpfer, sehen.

Keiner ist allein.
Jeder hat seine Mitmenschen
und eine Aufgabe an ihnen.
Es ist nicht gleichgültig,
was wir füreinander tun.
Laß mich daran immer denken,
daß es auch an mir liegt,
ob sich jemand wohlfühlt,
sich geborgen weiß,
froh und glücklich ist.
Wenn ich mich für andere öffne,
kann ich vielleicht
mein Alleinsein überwinden.

Herr, hilf allen

**Herr, hilf allen,
die in Konflikt miteinander leben,
daß sie einen Ausweg finden
und eine Lösung für ihre Probleme.**

**Herr, hilf allen,
die unter der Härte
ihrer Mitmenschen leiden.
Bewahre sie vor Verbitterung.
Hilf ihnen, daß wenigstens sie
Güte und Freundlichkeit ausstrahlen,
die du uns geschenkt hast.**

Beraube dich nicht selber der echten Freude am Leben, da Gott dich zu einem Mittler der Liebe gemacht hat. Denn er will, daß du ihn und alle seine Geschöpfe liebst. Liebe ist das einzige, was durch Zeit und Ewigkeit dauert. Verschenke göttliche Liebe in diesem Leben, und für dich fängt bereits auf Erden der Himmel an.

James Keller

Gott sieht gerne dein frohes Gesicht.
Er schenkt dir viel für ein freudvolles Leben.
Er sorgt sich um dich, weil er dich liebt.
Sprich mit ihm mit einem Lächeln im Gesicht
und mit dankbarer Freude im Herzen.

Beobachte alles rings um dich:
Die Natur trägt keine alten Kleider
und spart nie an Farben, Gefieder und Fell.
Sie wirft Verbrauchtes ab
und macht Neuem Platz.
Neue Gedanken erfrischen auch dir
Geist und Herz,
und frischer Geist erneuert deinen Körper.
Freude am Schönen bringt Farbe ins Gemüt
und läßt immer tiefere Quellen
des Glücks entdecken.

Auch die Menschen brauchen
deine frohe Stimmung,
Zuneigung, Liebe, Vertrauen von dir.
Sie brauchen deine frohmachenden Einfälle,
dein gutes Herz, deine strahlenden Augen,
die deine Anwesenheit
zu einem Fest machen.

V.
Miteinander füreinander

Eheleute füreinander

Wir sind zusammen durchs Leben gegangen
und haben Freud und Leid
miteinander geteilt.
Jetzt sehen wir den Segen dieses Lebens
und deine Güte, die hinter allem stand.
Wir danken dir dafür von Herzen.

In all den Jahren sind wir
zusammengewachsen und brauchen heute
einander mehr denn je.
So denken wir mit Besorgnis,
wer von uns als erster
aus diesem Leben scheiden wird.
Für den anderen wird es sicher schwer sein.
Wir wissen aber auch,
daß es nur kurz dauert,
bis wir uns bei dir wiedersehen werden,
um ewig miteinander glücklich zu sein.
Darum segne unseren gemeinsamen Weg,
daß wir auch miteinander zu dir gelangen.

Der Mensch ist am innigsten
mit dem verwachsen,
dem er am meisten geopfert hat.

E. Hasse

Herr, du hast uns Kinder geschenkt.
Wir hatten viel Arbeit mit ihnen,
viel Glück und auch Kummer.
Sie sind mehr deine Kinder als unsere.
Gib uns Weisheit,
ihnen zur rechten Zeit zur Seite zu stehen,
Geduld, wenn sie ihre eigenen Wege suchen,
Zärtlichkeit, sie zu lieben,
Liebe, die ihnen die nötige Freiheit läßt.

Wenn dein Sohn groß wird,
mache ihn zu deinem Bruder.
Arabisches Sprichwort

Die Eltern verzeihen ihren Kindern
die Fehler am schwersten,
die sie ihnen selber anerzogen haben.
Marie von Ebner-Eschenbach

Herr, segne die Kinder in den Familien,
auf der Straße und auf den Spielplätzen,
beim Lernen, Beten und im Leben.
An deinem Segen ist alles gelegen.

Für die Enkel

Herr, du hast mir Enkel geschenkt
und mit ihnen sehr viel Freude.
Ich darf teilnehmen an ihren Sorgen
und mich mitfreuen an ihren Erfolgen.
Schenke ihnen Gesundheit
und beschütze sie.

Die Jugend will ihren eigenen Weg gehen
und will sich bewähren in Freud und Leid.
Da gibt es manche Prüfung zu bestehen.
Herr, ich bitte dich für unsere Jugend:
behüte und bewahre sie vor dem Bösen.
Erhalte ihre Kraft und Unternehmungslust,
ihre Begeisterung und ihr fröhliches Wesen.
Öffne ihnen Herz und Verstand für das Gute.
Führe sie zu guter Freundschaft und Liebe,
zu Dankbarkeit und guter Zusammenarbeit.
Und führe sie zum Glauben an dich.

Mit einem verstehenden Lächeln
laß mich allen Unverstand der Jüngeren
und alle Unreife um mich hinnehmen
und unbeirrt meinen Beitrag leisten
für ein erträgliches Zusammenleben,
daß ich nicht in Einsamkeit erkalte,
sondern lebendig und froh bleibe.

Welcher Segen liegt in der Begegnung von alt und jung. Wenn sich zwei verstehen und lieben, wird das Leben hell und schön. Wir brauchen solche Stunden des Auftankens, der Freude, der Liebe. Mit wenig Worten läßt sich unendlich viel Gutes tun, wenn das Herz dahinter spürbar wird. Gerade darin liegt oft die ganz große Freude, die den Alltag schön macht.

Für die Angehörigen

Du hast mir Menschen gegeben,
die zu mir gehören,
mit denen ich zusammenlebe,
die mich kennen
und die mir vertraut sind.
Ich bin froh,
solche Menschen zu haben,
die mir gut sind.
Wenn es auch manchmal schwer ist,
geduldig und verständnisvoll zu sein,
so danke ich dir doch,
daß ich Angehörige habe.
Gib uns Verständnis,
Liebe und Interesse füreinander.

Herr, segne meine Angehörigen.
Mache ihre Arbeit fruchtbar.
Gib ihnen Erfolg und Freude.
Laß sie klug und gut sein.
Und wenn sie wenig Zeit haben
für Besinnung und Gebet,
dann nimm mein Beten und Opfern
stellvertretend für sie an.
Segne uns alle!

Für die Freunde

Es ist schön, daß ich Freunde habe,
mit denen ich mich verstehe,
die mir gut gesinnt sind,
die teilnehmen an Freud und Leid,
die sich Zeit für mich nehmen.

Herr, laß mich nicht nur empfangen,
sondern auch geben;
nicht nur ein offenes Ohr erwarten,
sondern auch interessiert sein;
nicht nur Hilfe verlangen,
sondern auch Zeit haben, zu helfen;
nicht nur Freude erwarten,
sondern auch Freude bereiten.

Herr, du hast mir das Glück
einer guten Freundschaft geschenkt.
Hilf mir, daß ich mit meinen Freunden
immer besser und tiefer zusammenwachse.

Bleibe du in unserer Mitte,
daß wir einander auch fördern
auf dem Weg zu dir.
Ich danke dir für meine Freunde.

**Gute Nachbarn sind ein Geschenk.
Ich freue mich,
daß ich mit ihnen plaudern kann
und Anteilnahme finde
auch in schweren Stunden.
Daß wir uns gegenseitig
vertrauen und helfen.
Erhalte unsere Freundschaft.**

**Jeder hat seinen persönlichen Lebensstil.
Der meiner Mitmenschen geht mir
manchmal so richtig auf die Nerven.
Laß mich nicht engstirnig werden
und nur meinen Geschmack vertreten.
Laß mich nicht rechthaberisch und stur sein,
wenn ein Kompromiß Frieden stiften kann.
Hilf mir, Rücksicht zu nehmen auch auf
die Eigenarten meiner Mitmenschen.
Laß auch sie rücksichtsvoll sein
und bereit, Frieden zu halten.**

*Eine Schüssel Gemüse bei guten Freunden
ist besser als der schönste Braten
bei gehässigen Leuten.*
Pred 15,17

Ich will jeden Menschen annehmen, wie er ist, und ihm in der rechten Weise begegnen: aufmerksam zuhören, was er mir zu sagen hat, und dankbar seine Güte annehmen; geduldig seine gereizte Stimmung ertragen und vermeiden, was ihn noch mehr reizen kann; mitfühlend sein bei Mißerfolg und Kummer und Leistung und Erfolg anerkennen.
Laß mich ein gütiger Mensch sein, den man schätzt und gerne hat, der hilft und sich helfen läßt, der geduldig und verständnisvoll ist und feinfühlig für die Nöte der anderen.

Ich danke dir, Herr,
für die Menschen meiner Umgebung.

Was ihr von anderen erwartet, das tut ebenso auch ihnen. Wenn ihr nur die liebt, die euch lieben, welchen Dank erwartet ihr dafür? Auch die Sünder lieben die, von denen sie geliebt werden. Und wenn ihr nur denen Gutes tut, die euch Gutes tun, welchen Dank erwartet ihr dafür? Das tun auch die Sünder. Ihr aber sollt eure Feinde lieben und sollt Gutes tun und leihen, auch wo ihr nichts dafür erhoffen könnt. Dann wird euer Lohn groß sein, und ihr werdet Söhne des Höchsten sein; denn auch er ist gütig gegen die Undankbaren und Bösen. Seid barmherzig, wie es auch euer Vater ist! Lk 6,31-33.35-36

Beinahe wäre sie gestorben

Eine Frau wird beim Ehebruch ertappt und vor Christus gestellt (Joh 8). Eine heikle Situation. Christus schaut nicht mit geheimer Lust am Skandal auf die Vergangenheit dieser Frau, sondern auf ihre gegenwärtige Not und tut genau das Richtige für diesen Augenblick. Er nimmt diese Frau, wie sie jetzt ist: nicht mehr als die Geliebte eines Einzelnen, sondern als diejenige, die für viele zum Spott und Haß geworden ist. Sie kann nur gerettet werden, wenn sie wenigstens einer in Schutz nimmt. Der Schwache braucht Hilfe, nicht die Bestätigung seiner Schwäche; ein heilendes Wort, nicht Vernichtung.

Und der beteiligte Mann? Vielleicht ist es mit ihm so weitergegangen: Er geht ungeschoren nach Hause, aber seine Frau erfährt davon und ist todbeleidigt. Sie hat ihre Gründe. Bekannte raten ihr, zu vergeben. Sie bringt ihren Mann also nicht um. Sie verläßt ihn auch nicht. Sie bleibt die pflichtbewußte Hausfrau, hält das Haus in Ordnung und kocht gutes Essen. Aber sie macht auf andere Weise ihrem Mann das Leben zur Hölle: Sie reibt ihm ständig ihre moralische Überlegenheit unter die Nase und zeigt ihm die kalte Schulter. Wenn er sich darüber beschwert, sagt sie: „Vergeben habe ich dir, aber vergessen kann ich das nicht!" Schließlich pfeift der Ehemann auf eine solche Vergebung. Die halbherzige Vergebung reinigt nicht, richtet nicht auf, gibt keinen Neuanfang. Vergebung aus Egoismus mit der geheimen Lust an der dauernden Strafe ist keine Liebe. Schuld und Versagen sind es nicht wert, aufrechterhalten zu bleiben. Verzeihende Liebe würde froher, freier, glücklicher machen: beide.

Wer von euch noch nie gesündigt hat,
der soll den ersten Stein auf sie werfen!
Joh 8,7

Wirklich verzeihen kann nur Gott. Er betrachtet uns als seine Kinder. Bis ein Kind richtig gehen kann, fällt es x-mal am Tag. Wir heben es auf. Jeder freut sich über das Kind, nicht weil es fällt, sondern weil es bald gehen kann. Gott hat auch dieser Frau wieder auf die Beine geholfen. Beinahe wäre sie beim letzten Fall gestorben. Was mag wohl aus dieser Frau durch die Begegnung mit Christus noch geworden sein?

Herr, Jesus Christus,
du selber hast die Not
des Leidens und Sterbens durchlitten
und so zum Mittel der Erlösung gemacht:
Laß auch unser Leiden gesegnet sein
und allen zugute kommen,
für die wir um deinen Segen bitten:

Zeige den Kranken,
welchen Sinn gerade ihr Leiden hat,
damit sie deinen Willen erkennen
und geduldig ihr Kreuz tragen.

Schenke den Ärzten
Klugheit und Geschick
in ihrem Bemühen um Heilung,
den Schwestern Umsicht und Liebe
in ihrem Pflegedienst,
den Seelsorgern Güte und Eifer
in der Betreuung der Kranken.

Tröste die Einsamen und Verzagten,
bekehre die Irrenden und Sünder,
rette die Sterbenden,
erbarme dich der Armen Seelen,
und nimm uns alle einmal auf
in die ewige Seligkeit.

Herr, hilf unseren Kranken

Herr, schenke unseren Kranken
deine Liebe und Hilfe.
Gib ihnen Kraft in Schmerz und Leid.
Sei du ihnen nahe in ihrer Einsamkeit.
Gib ihnen Trost und Freude
und richte sie auf.
Schenke ihnen bald die Gesundheit wieder.
Laß sie im Leid reifer und besser werden.

Herr, schenke unseren Kranken Geduld.
Jeden Tag müssen sie viel warten:
auf den Arzt und auf gute Menschen,
auf Besserung und auf baldige Genesung.

Herr, schenke unseren Kranken Zuversicht.
Ihre Gedanken kreisen gerne um ihr Leid.
Laß sie auch etwas Frohes erleben.
Schicke ihnen Menschen, die sie aufrichten,
die sie anhören, trösten und ermutigen.

Herr, schenke unseren Kranken deine Nähe,
daß sie den Sinn ihres Leidens erkennen
und durch ihr Beten und Opfern
auch beitragen zum Heil der Seelen,
zur eigenen Reife und Vollendung
und zu deiner größeren Ehre.

Seit ich am Grabe des Geliebten gestanden,
bin ich mit diesem Schmerzerlebnis allein.
Erinnerungen kommen und gehen, immer wieder,
oft auch der Schmerz, dem ich ausgeliefert bin.
Ich werde mit diesem Verlust leben müssen.

Herr, ich glaube daran,
daß du mich liebst und trägst.
Daß du mir das Wunder
eines Neuanfangs gibst.
Daß sich meine Trauer
in Trost verwandeln wird.
Wir alle sind in deiner Hand.
So überlasse ich dir meinen Schmerz,
meine Sorgen um die Zukunft.
Du wirst mir die Kraft geben,
die ich brauche:
Wenn ich keinen Weg sehe,
zeige mir die Richtung.
Wenn ich keine Hoffnung habe,
gib du mir Zuversicht.
Wenn ich traurig bin,
schenke du mir Trost.
Wenn ich einsam bin,
sei du mein Begleiter.
Wenn ich schutzlos bin,
gib du mir deinen Schutz.

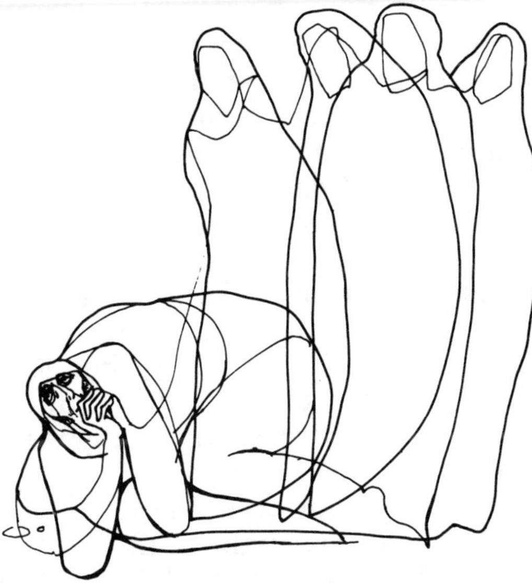

Sorgen drücken einen Menschen nieder, gute Worte richten ihn auf. (12,25) – Langes Warten macht ein Herz krank; aber ein erfüllter Wunsch gibt ihm neues Leben. (13,12) – Fröhlichkeit ist gut für die Gesundheit; Mutlosigkeit raubt einem die letzte Kraft. (17,22) – Verlaß dich nicht auf deinen Verstand, sondern setze ungeteilt dein Vertrauen auf den Herrn! Denk an ihn bei allem, was du tust. (3,5)

Aus dem Buch der Prediger

Für die Schwerkranken

**Herr, hilf unseren Schwerkranken.
Sie haben viel durchzustehen
und brauchen Hilfe von außen.
Wir ahnen kaum den Sinn des Leidens,
glauben aber fest daran,
daß du daraus etwas Gutes machen kannst.**

**Es gibt auch in unserer Nähe Menschen,
die in einer aussichtslosen Lage sind
und mit einem schweren Leid leben müssen.
Herr, hilf ihnen in den dunklen Stunden,
daß sie mit ihren Problemen fertig werden.
Schenke ihnen gute Menschen,
die ihr schweres Los erleichtern
durch Güte und Freundlichkeit.
Laß sie zu dir finden durch Gebet und Opfer
und so ihrem Leben Inhalt und Wert geben.
Du liebst alle, die mit dir das Kreuz tragen
und dem Willen des Vaters ergeben sind.
Herr, weil das so schwierig ist,
darum erbarme dich unserer Schwerkranken.**

*Ein Mensch, der nicht gelitten hat,
was weiß der?*

Heinrich Seuse

Für unsere Sterbenden

**Jede Stunde liegen Menschen im Sterben.
Herr, nimm dich unserer Sterbenden an.
Sie sind in großer Not und leiden viel.
Hilf ihnen, den Ernst ihrer Lage zu erkennen
und Abschied zu nehmen von der Welt,
von ihrer Lebensaufgabe
und von ihren Lieben
in der festen Hoffnung,
daß sie bei dir
größere Glückseligkeit erlangen werden.
Gib ihnen die Kraft, in Ordnung zu bringen,
was der Ordnung bedarf:
in ihrer Familie,
in ihrem persönlichen Leben,
in ihrem Umgang mit den Mitmenschen,
in ihrem Verhalten zu dir.
Schenke ihnen Zuversicht und Ruhe
in dem Wissen, daß du uns alle liebst
und daß wir in dir unsere Erfüllung finden.**

*Leben wir, so leben wir dem Herrn,
sterben wir, so sterben wir dem Herrn.
Ob wir leben oder ob wir sterben,
wir gehören dem Herrn.*
Röm 14,8

Das letzte Gespräch

Einmal kommt der Tag. Da wird es ernst. Da ist Abschied. Das mögliche Ende wird Realität. Mit wem werde ich das letzte Gespräch führen? Wieviel wird zu sagen sein? Was ich lange vorher nicht gesagt habe, werde ich es dann sagen?

Wie viele hätten auf ein befreiendes Wort gewartet, auf ein Wort der Verzeihung, auf ein letztes zusammenfassendes Wort der Ermutigung, der Anerkennung, des Dankes. Werden sie alle zurückbleiben mit dem, was ich ihnen schuldig geblieben bin?

Das letzte Wort mit Gott auf dieser Erde. Noch bin ich hier zu Hause. Noch ist vieles in meiner Verantwortung, noch kann ich entlastet werden, noch kann ich in Ordnung bringen, was der Ordnung bedarf.

Noch kann ich einen Dank aussprechen, verzeihen oder um Verzeihung bitten, ein Wort der Anerkennung, der Ermutigung sagen und so einen letzten Akt der Liebe setzen, der Freude macht und ein Menschenleben formen kann. Warum will ich lebenswichtige Akte der Liebe schuldig bleiben, wenn andere davon leben könnten?

**Herr, gib mir die Kraft,
jedem Mitmenschen bewußt
in Liebe zu begegnen,
als wäre es das letzte Mal im Leben.
Laß mich den Ernst der Stunde des Heiles,
der konkreten Zuwendung deiner Liebe
erkennen und mich stets offen halten
für dein Wirken durch mich und andere.
Hilf mir, jedes Gespräch und jede Begegnung
liebevoll und positiv zu beenden.**

Was uns die Krankheit lehren kann

Gesundheit ist eines der höchsten Güter hier auf Erden. Sie ist ein Geschenk aus Gottes Hand. Dafür sollten wir täglich danken!

Durch die Krankheit verliert der Mensch nicht an Wert. Viele Dinge verlieren zwar durch sie an Bedeutung, aber was bleibt, das bin ich, der Mensch, mit meinen Gaben und Vorzügen. Die Krankheit offenbart nur, was ich bis zur Stunde geworden bin.

Das Leben behält seinen Sinn, auch wenn man nichts außerordentlich Großes leisten kann. Gott selber hat unserem Leben Sinn und Ziel gegeben. Und jeder, der den Willen Gottes zu erfüllen trachtet, ist auf dem Weg zum Ziel, ganz gleich, ob er zu arbeiten oder zu leiden berufen ist.

Meistens ist Krankheit nur ein Durchgang. Wir durchleben Tage der Belastung und Prüfung, die wieder abgelöst werden vom normalen Leben. Das Leiden vergeht, doch die Erfahrungen aus dem Leiden haben oft bleibenden Wert für das ganze Leben. Die guten Vorsätze aus den stillen Stunden des Krankseins sollten uns tatsächlich klüger und besser machen, bescheidener und dankbarer und so zu unserem Glück und zur Lebensmeisterung beitragen.

In Familie und Beruf müssen wir fast immer nur für andere dasein. Wir sind es gerne und opfern Zeit und Kraft. Wann nehmen wir uns aber Zeit für uns selbst? Zur Erholung? Zur Besinnung? Für unser religiöses Leben? Versäumnisse auf diesem Gebiet wirken sich in einer Leidenszeit besonders aus. Die Krankheit hat schon manchen wieder vernünftiger und besser gemacht und wesentlich mitgeholfen, wieder mehr Mensch zu sein.

Es ist nie zu spät, einen besseren Weg einzuschlagen oder aus Fehlern zu lernen. Darum lohnt es sich auch, im Licht des Krankseins die Wertordnung des eigenen Lebens zu überprüfen und eventuell die notwendigen Konsequenzen zu ziehen.

Krankheit kann aber auch Anlaß und Beginn sein für den großen Abschied von der Welt und von den Seinen. Dabei gibt es oft noch etwas zu ordnen im familiären, beruflichen oder religiösen Bereich, um das Leben sinnvoll abzuschließen und zu vollenden. Auch das gehört zu unserer Lebensaufgabe und sollte gelassen zur Kenntnis genommen werden.

Ich bin nichts, aber ich bin voll Vertrauen.
Ich habe nichts, aber ich habe Hoffnung
gegen alle Hoffnung.

Wanda Mücke

Seit jeher haben sich die Menschen mit ihrem Ende nicht recht abfinden können. Über Tod und Sterben denken wir nicht gerne nach. Und doch ist dies notwendig, denn das Sterben ist das Letzte, was dem Menschen auf Erden widerfährt, und darum von Bedeutung für seine Ewigkeit. Vor dem Tod ist noch manches zu ändern im Verhältnis zu Gott und zu den Mitmenschen. Mit dem Tod jedoch hört diese Möglichkeit auf.

Wir wissen um die Naturnotwendigkeit des Sterbens, aber auch, daß wir in unserem ganzen Leben Gottes Liebe erfahren haben, und deshalb vertrauen wir darauf, daß er uns im Tod nicht verläßt. So bekennen wir: „Deinen Gläubigen, o Herr, wird ja das Leben nicht genommen, es wird nur neu gestaltet."

Die Vorbereitung auf den Tod gehört zu den Aufgaben unseres Lebens. Wir sollten bewußt auf den Tod hin leben, damit wir bereit sind, wenn wir durch einen plötzlichen Tod aus dem Leben gerissen oder bei längerer Krankheit durch schmerzstillende Mittel so beeinflußt werden, daß wir kaum noch die wahre Situation sehen.

So sollten wir schon lange vor dem Tod beten:

Herr, schon jetzt nehme ich den Tod,
wie er mich nach deinem Willen treffen mag,
mit all seinen Ängsten und Schmerzen
aus deiner Hand ergeben und willig an.

Ich bin die Auferstehung und das Leben.
Wer an mich glaubt, wird leben,
auch wenn er stirbt,
und jeder,
der lebt und an mich glaubt,
wird auf ewig nicht sterben.

Joh 11,25-26

Wenn durch einen Menschen
ein wenig mehr Liebe und Güte,
ein wenig Licht und Wahrheit
in der Welt war,
hat sein Leben einen Sinn gehabt.

Alfred Delp

Was ist schon ein Menschenleben?
Gib Jahre dazu, so viele du willst,
leb einen noch so langen Lebensabend:
das Leben nimmt trotzdem immer ab.

Augustinus

Herr, steh allen bei, die heute sterben.
Nimm sie auf in deine Liebe und
schenke ihnen die ewige Freude bei dir.

Ich glaube an die Auferstehung

Als Lazarus gestorben war (Joh 11), sagte Marta zu Jesus: „Wärest du rechtzeitig gekommen, dann wäre mein Bruder nicht gestorben." Wir alle kennen ähnliche vorwurfsvolle Fragen unseres Herzens an Gott. Jesus scheint überhaupt nicht hinzuhören. Er setzt von sich aus ein Gespräch in Gang: „Dein Bruder wird auferstehen!" – Was wird Marta antworten? „Ich weiß, er wird auferstehen am Jüngsten Tag." Eine solche Antwort ist aber keine Antwort. Sie ist in diesem Augenblick blaß und klingt wie auswendiggelernt. Denn sie nimmt überhaupt keinen Bezug auf Jesus, der Marta gegenübersteht. Darum stellt Jesus an Marta die Entscheidungsfrage: „Ich bin die Auferstehung und das Leben: glaubst du das?"

So genügt es auch heute nicht, daß wir uns ein Stück unseres Credo vorsagen, dabei aber die Gegenwart des lebendigen Herrn übersehen. Wir müssen uns ihm zuwenden, ihn anreden und bekennen: Ja, Herr, ich glaube, daß du der Sohn Gottes bist. Aus dieser seiner Gegenwart gewinnen wir Hoffnung für unsere und unserer Toten Zukunft.

Schott: Einleitung zur Begräbnismesse

Hoffnung ist das Gefühl,
das den Glauben begleitet.

Erich Fromm

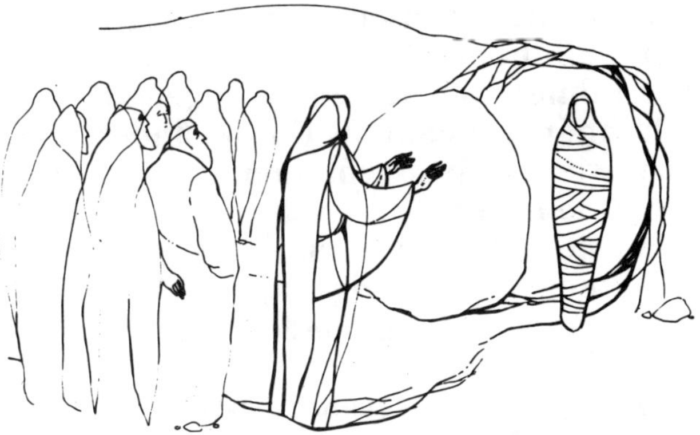

In Wahrheit ist es würdig und recht, dir, Herr, heiliger Vater, allmächtiger, ewiger Gott, immer und überall zu danken durch unseren Herrn Jesus Christus. In ihm erstrahlt uns die Hoffnung, daß wir zur Seligkeit auferstehn. Bedrückt uns auch das Los des sicheren Todes, so tröstet uns doch die Verheißung der künftigen Unsterblichkeit. Denn deinen Gläubigen, o Herr, wird das Leben gewandelt, nicht genommen. Und wenn die Herberge der irdischen Pilgerschaft zerfällt, ist uns im Himmel eine ewige Wohnung bereitet.

Aus der Präfation für die Verstorbenen

**Mit manchen Menschen tue ich mich schwer.
Herr, gib ihnen Geduld,
wenn ihnen die Nerven durchgehen.
Gib ihnen Verständnis für die anderen,
wenn sie um ihr Recht kämpfen.
Gib ihnen Ruhe,
wenn sie sich ärgern müssen.
Gib ihnen Barmherzigkeit,
wenn sie hartherzig handeln.
Gib ihnen Freude,
wenn sie die Schwermut drückt.
Gib ihnen Menschen,
bei denen sie sich aussprechen können.
Gib ihnen einen Blick für das Positive,
daß sie nicht nur Fehler suchen.
Gib ihnen Mut,
eigene Schwächen einzugestehen.
Zeige uns allen,
wie wir als Brüder und Schwestern
miteinander leben können.**

Unser strenges Urteil über andere hängt gewöhnlich damit zusammen, daß wir bei uns selber unser Ideal für unsere Praxis halten, bei den anderen aber ihre Praxis für ihr Ideal. Maurice Blondel

Des anderen Last

**Es gibt Menschen, die einem zur Last fallen.
Aber vielleicht sind gerade sie der „Nächste“,
der unsere Zuwendung braucht.
Zeige mir die Aufgabe,
die du mir mit solchen Menschen stellst.
Wenn mich ihre Nähe bedrückt,
dann laß mich geduldig sein.
Wenn mir ihr Benehmen wehtut,
dann laß mich vergeben.
Wenn mich ihr Egoismus abstößt,
dann laß mich stark sein.
Wenn mich ihre Kompliziertheit ärgert,
dann laß mich einfach sein.
Hilf mir, die anderen zu ertragen,
wie auch andere mich ertragen.**

*Ertragt euch gegenseitig,
und vergebt einander,
wenn einer dem andern
etwas vorzuwerfen hat.
Wie der Herr euch vergeben hat,
so vergebt auch ihr!
Vor allem aber liebt einander,
denn die Liebe ist das Band,
das alles zusammenhält
und vollkommen macht.*

Kol 3,13-14

Steinigung

Ein Angriff auf meine Ideen und Arbeiten verändert nicht meinen Wert und meine Einstellung. Ich tue alles, um geliebt zu werden, denn wenn ich mich nicht mehr geliebt fühle, werde ich neurotisch, arm und krank. Ich laufe nicht mit einer Wut im Bauch herum. Die bringt nur hohen Blutdruck und Magengeschwüre, finstere Augen und Mißtrauen, ein freudloses Herz. Ich will nicht gegen jemand etwas erreichen. Jeder Kampf bringt auf beiden Seiten Verluste. Vielleicht sind es nur kleine Kämpfe, lieblose Kritik, zynische Abwertung, Sticheleien. Schon der Anfang einer Steinigung ist verloren, denn um zu kämpfen, muß ich aggressiv sein, und jede Aggression stört mich in meiner Seele. Wer kämpft, ist in Gefahr, die Liebe zu verlieren. Und was habe ich, wenn ich die Liebe nicht habe? Aggression kann ich mir nicht leisten, denn ich lebe von der Liebe, nicht von Zerstörung.

Ich lebe, damit man mich liebt, und ich liebe, damit ich und andere glücklich leben können. Daß ich geliebt werde, ist für mich genauso wichtig wie für meine Mitmenschen. Ich will mich nie an einer Steinigung beteiligen. Dem Liebenden ziemt Geduld wie dem Bauern: Er kann weder mit der Peitsche noch mit Kuchen das Korn zum schnelleren Wachsen antreiben. Auch ich will warten mit der Liebe im Herzen, anstatt mich durch Aggressionen zu schädigen.

Seid barmherzig, wie es auch euer Vater ist! Richtet nicht, dann werdet auch ihr nicht gerichtet werden. Verurteilt nicht, dann werdet auch ihr nicht verurteilt werden. Erlaßt einander die Schuld, dann wird auch euch die Schuld erlassen werden. Gebt, dann wird auch euch gegeben werden.
Lk 6,36–38

Herr, es fällt mir oft so schwer,
einen Tadel ohne Widerrede
auf mir sitzen zu lassen.
Hilf mir, ein kränkendes Wort
nicht ebenso spitz zu beantworten
und damit anderen wieder weh zu tun.

**Herr, gib mir Geduld und Hilfsbereitschaft,
wenn ich geistig Behinderten begegne,
daß ich sie verstehe und ertrage.
Gib, daß ich meine Vorurteile überwinde,
wenn ich Strafgefangene und Süchtige sehe,
daß sie sich nicht ausgestoßen fühlen.
Gib mir die rechten Worte,
wenn ich Traurigen begegne,
daß ich sie tröste und ermutige.
Gib mir Liebe und Verständnis,
wenn ich einem Kranken begegne,
daß ich Licht in sein Leben bringe.
Gib mir deine Gnade,
dann werde ich gewiß deinen Auftrag
an den Mitmenschen richtig erfüllen.**

*Erneuert euren Geist und Sinn!
Zieht den neuen Menschen an,
der nach dem Bild Gottes
geschaffen ist in wahrer
Gerechtigkeit und Heiligkeit.*
Eph 4,23-24

Ich bin so nachsichtig mir gegenüber
und oft so unerbittlich gegen andere.
Hilf mir, daß ich von dir
Güte und Menschenfreundlichkeit lerne,
geduldig bin und von Herzen verzeihe.

Ich erwarte so gerne
Rücksicht und Liebe von anderen,
bin aber selbst oft hart und streng.
Laß mich unter deinem Kreuz, o Herr,
strenger werden gegen mich
und gütiger zu den anderen.

Verzeihe schnell!
Das spart Zeit –
und fördert die Verdauung.
O'Connell

Daß Gott dir Verzeihung versprochen,
wenn du dich morgen bekehrst,
dessen magst du dich freuen,
aber der morgige Tag ist dir nicht versprochen.
Augustinus

Für die Enttäuschten

**Wir Menschen sind so schnell enttäuscht,
wenn etwas anders kommt als erwartet.
Das hinterläßt oft große Schmerzen.
Herr, du gibst uns damit auch eine Aufgabe,
die wir vor dir zu meistern haben,
und du gibst uns die Kraft dazu.
Laß mich nicht stur nur meine Ziele wollen,
sondern auch auf deinen Willen achten
und wie ich ihn verwirklichen kann.**

**Hilf allen Enttäuschten und Verzagten,
mit ihren Schwierigkeiten fertigzuwerden.
Herr, sei du unser Trost
in den Stunden der Enttäuschung.**

Ich glaube lieber an Gottes Gegenwart als an die Existenz des Zufalls. Gott ist da und liebt mich. Er ist bei mir in Freud und Leid. Er ist bei mir vor, während und nach einer Krise und liebt mich, auch wenn ich zu ringen habe. Ich glaube, daß ich immer noch umkehren und neu anfangen kann und daß mein Leben durch diese Beziehung zu Gott einen besonderen Sinn hat.

VI.
Leben mit Gott

Du und ich

Du, o Herr, und ich,
wir beide gehören zusammen.

Du, weil du mich liebst,
und ich, weil ich dich liebe.

Du, weil du mir hilfst,
und ich, weil ich dich brauche.

Du, weil du für mich gestorben bist,
und ich, weil ich leben möchte.

Du, weil du mich ewig erfreuen willst,
und ich, weil ich nach Glück hungere.

Du, weil du alles für mich tust,
und ich, weil ich ohne dich nichts kann.

Du und ich,
wir beide gehören zusammen:
du, weil du unendlich liebst,
und ich, weil ich
unendlich geliebt werde.

Dank für den Glauben

**Herr, ich danke dir,
daß du die Kirche gegründet hast
und daß ich in ihr geborgen bin.**

**Ich danke dir, daß es Menschen gibt,
die durch ihr Leben Zeugnis von dir geben
und uns so den Weg zu dir zeigen.**

**Ich danke dir für dein Wort,
daß du uns Weg bist, Wahrheit und Leben.**

**Ich danke dir, daß du so groß bist,
daß es meinen Verstand übersteigt
und daß ich dich doch lieben kann.**

**Ich danke dir, daß du mein Gott bist
und mich in deine Liebe aufnimmst.**

**Ich danke dir, daß du bist
und daß du mich geschaffen hast.
Das war eine gute Idee.**

*Niemand, auch nicht der Ungläubige,
gibt sich mit dem Sichtbaren zufrieden.*
André Malraux

Die Welt ist mir zu eng.
Da schaffe ich mir eine neue
in meinem Kopf und Herzen
und denke und bete mich hinein.

Das ist der Anfang einer Lösung:
hinauswünschen und hinaushandeln
aus der harten Wirklichkeit
in neue Möglichkeiten, mit Gott.

Neue Hoffnung gibt neuen Mut.
Schöpferische Gedanken
stärken die Kraft zum Handeln.
Aus der Vergangenheit gehe ich
in eine bessere Zukunft,
von der Grenze zum Unbegrenzten,
vom Dunkel zum Licht.

Ich habe eine Kraftquelle,
weil du, o Gott, mir nahe bist
mit deiner Liebe
und dem Wort der Verheißung.
Alles gereicht mir zum Besten,
weil du mich liebst.

Es gibt die Macht des Gebetes.
Je weniger ich arbeiten und leisten kann,
um so mehr kann ich beten und opfern
und alle Leistung geistig mittragen.
Viele plagen sich bis zur Erschöpfung,
und doch ist alles an deinem Segen gelegen.
Wenn nicht du, o Herr, das Haus baust,
ist die Mühe der Bauleute vergebens.
So nimm mein Beten und Opfern an.
Es kommt von Herzen und soll helfen,
die Welt zum Guten zu führen.

**Unsere Hoffnung, o Herr,
ist wie ein Wunder deiner Gnade.
Denn obwohl wir sehen,
was alles geschieht und vergeht,
glauben wir doch,
daß es wieder besser wird,
und wir hoffen weiter.
Ich danke dir,
daß ich nach all dem Erlebten
noch Hoffnung haben kann,
Hoffnung wider jeden bösen Augenschein.**

**Doch alles, was ich habe und besitze,
ist kein fester Halt.
Letztlich lebe ich von der Hoffnung
auf eine bessere Zukunft bei dir.
Gib mir ein großes Vertrauen zu dir.
Du bist größer als alle Not
und erfüllst deine Verheißungen.**

**Laß mich froh sein in der Hoffnung,
geduldig in der Bedrängnis
und beharrlich im Gebet.**

*In der Jugend lernt,
im Alter versteht man.*
Marie von Ebner-Eschenbach

Betende Hände verweisen auf ein betendes Herz. Welcher Segen geht davon aus, daß die stillen Beter mit der Regelmäßigkeit eines Liebenden den Segen Gottes herabrufen in den vielen Anliegen unseres Alltags. Maria als unsere Mutter und Fürsprecherin bietet uns große Hilfe in der Meditation, weil wir uns in ihr geborgen und verstanden fühlen. Zum Glück gibt es den Rosenkranz.

**Das Gute nehme ich an,
willig und gern,
aus deiner Hand.
Nicht so selbstverständlich
ertrage ich,
was du mir schickst.
Bewahre mich vor Unzufriedenheit
in Krankheit und Schmerz,
vor Ungeduld in Prüfung und Leid.
Gib mir Interesse und Kraft,
deinen Willen anzunehmen.**

**Schenke mir stille Stunden,
in denen ich zu mir selber finde.
Und erfülle meine Stille
mit deiner Nähe.**

*Welchen Nutzen oder Vorteil
sollte es uns bringen,
wenn wir unablässig unsere Gedanken
auf solche Dinge richten,
die wir verlassen müssen.
Es ist weit vernünftiger,
unsere Liebe den Dingen zuzuwenden,
die ewig währen.*

Leo der Große

Alles verändert sich:
die Dinge um mich – und auch mein Herz.
Kein Tag vergeht, ohne daß mich nicht
der ständige Wechsel weiterdrängen würde.
Das Leben geht unaufhaltsam weiter.
Es gibt kein dauerndes Verbleiben,
selbst nicht in den schönsten Stunden.
Was habe ich schon alles mitgemacht?
Und was habe ich noch zu erwarten?
Auch das liegt nicht in meiner Hand.
Ich weiß nicht, was noch kommen wird.
Ich weiß nicht, wie lange ich noch lebe.
An wen sollte ich mich da halten,
wenn nicht an dich, o Gott?
Du bist immer der Gleiche.
Nur in dir ist Heil.

Ich bin glücklich und zufrieden in Gott.
Ich nehme alles mit Dank
vom lieben Gott an,
seien es Leiden oder Freuden.
Er weiß ja, was für uns das Beste ist.
Und so bin ich immer glücklich in Gott.
Konrad von Parzham

Miteinander

Miteinander Ausgang und Rückkehr,
Freude und Leid, Ringen und Erfolg:
Das Gute mehrt sich,
das Schwere wird leichter,
das Bedrückende wird erträglicher,
das Frohe wird glänzender,
das Ersehnte erreichbar.
Unendlich viel können sich zwei Menschen
gegenseitig geben und bedeuten,
abnehmen oder aufladen,
schenken oder nehmen.
Immer liegt es daran,
daß sie ständig neu und inniger
zueinander ja sagen,
sich gegenseitig vertrauen und vergeben,
das Gute immer besser tun.
Die verschlungenen Wege
des Lebens und Erlebens
werden reicher miteinander,
wenn man Freud und Leid erzählen,
Trost und Mut erfahren und geben kann.

Wenn das Miteinander so reich macht,
warum pflegen wir es
nicht bewußter und froher?
Liegt es nicht auch an uns,
wie wir uns beschenken lassen
oder andere beschenken?

Die Güter des Lebens

**Ich freue mich aufrichtig über alles,
was ich mir mit Fleiß aufgebaut habe.
Und doch ist es nicht nur meine Leistung,
sondern auch Gnade und Geschenk von dir.**

**Bewahre mich davor,
daß ich stolz auf meine Leistung poche
und neidisch die Vorzüge anderer mißachte.
Bewahre mich davor,
Geld, Macht und Ansehen
zu wichtig zu nehmen.
Laß mich die Güter dieser Welt
dankbar gebrauchen als deine Gaben.**

*Weh euch, die ihr reich seid;
denn ihr habt keinen Trost mehr
zu erwarten.
Weh euch, die ihr jetzt satt seid;
denn ihr werdet hungern.
Weh euch, die ihr jetzt lacht;
denn ihr werdet klagen und weinen.
Weh euch,
wenn euch alle Menschen loben;
denn ebenso haben es ihre Väter
mit den falschen Propheten gemacht.*

Lk 6,24-26

**Viel wird heute für uns getan,
was uns gut tut und Freude macht.
Manches soll uns vielleicht auch
den Blick für die Zukunft verdecken.
Ich aber will bewußt
an das mögliche Ende meiner Tage denken
und auf die ewige Berufung und
die Erfüllung des Lebens bei dir schauen.
Hilf mir, Herr, dafür etwas zu tun,
daß die letzte Strecke meines Lebens
auch tatsächlich zur Vollendung führt.
Und laß immer Menschen um mich sein,
die an dich glauben und mir helfen,
meinen Lebensweg als Christ zu beenden.**

*Einsicht macht den Menschen langmütig,
sein Ruhm ist es,
über Verfehlungen hinwegzugehen.*
Spr 19,11

*Seid demütig, friedfertig und geduldig,
ertragt einander in Liebe, und bemüht euch,
die Einheit des Geistes zu wahren
durch den Frieden, der euch zusammenhält.*
Eph 4,2-3

Der verlorene Sohn

Du zwiespältiges Menschenherz! Was treibt dich aus dem Elternhaus in die Fremde und was aus der Fremde nach Hause? Der verlorene Sohn: Sind wir ihm nicht in vielem ähnlich? Warum sollte er es nicht versuchen? Er, ein reicher Bauernsohn, leutselig und unternehmungslustig, ein angenehmer Mensch mit Geld in der Tasche. War es sein Fehler, daß er dachte, das Leben muß gelebt, genossen werden?

Aber aus nichts wird nichts. Da muß man eben mit Geld nachhelfen. So wirft er die Sehnsucht seines Herzens, die Perle seiner Seele in einen Becher Wein und läßt einige Mädchen davon trinken. Bald ist er ständiger Gast bei Enttäuschten, Unerfüllten, Zukurzgekommenen. Ein Opfer seelischer Hungersnot.

Aber der belanglose Freiheitsdrang verknüpft sich mit unberechenbaren Ereignissen und wird zu einem Verhängnis, dem er machtlos gegenübersteht. Seine Lehrer heißen nun: Unglück, Heimatlosigkeit, Lebensüberdruß, Hunger und Armut. Unübertreffliche Forschungsergebnisse: Jetzt kennt er das Leben. Jetzt weiß er die Güte seines Vaters zu schätzen, den sicheren Platz am Tisch. Mit hungrigem Magen träumt er von Zuhause, vom Vater, vom Neuanfang. 36 Argumente gegen 30, und er macht sich auf den Weg, wie von einer unsichtbaren Schnur gezogen, mit dem sicheren Gefühl, in welcher Richtung die Heimat liegt. In schlaflosen Nächten hat er kurz und prägnant formuliert und vor sich hin

gesprochen, wie er die letzte Chance seines Lebens nutzen will. Jedes Wort sollte mit der neuen Erfahrung seines Lebens laut und deutlich, mit dem Unterton des Bedauerns und der Hoffnung gesprochen werden, daß ja keine Silbe verlorengeht.
Aber des Vaters drängende Liebe kam ihm zuvor. Dieser hatte die entscheidenden Worte zu sagen. Noch nie waren sich beide Herzen so nahe. Seine Worte stießen auf glühende Aufmerksamkeit, und bis heute sind sie auf der ganzen Welt nicht vergessen. Hier strahlt eine Hoffnung auf für Ringende: der Friede dessen, der aus bitteren Erfahrungen gelernt hat, ein neues Leben zu beginnen. Die letzte beglückende Einsicht und Wahrheit, daß es Verzeihung und einen Neuanfang gibt.

**Mein Erlebnishunger ist oft groß.
Ich suche etwas Interessantes,
was mein Leben lebenswert macht.
Laß mich nicht aufgehen im Äußeren,
sondern auch innerlich erleben.
Durch das Sichtbare möchte ich
dir, dem Unsichtbaren, begegnen,
durch das Geschaffene dem Schöpfer.**

**Herr, du weißt, wie schnell
Mißtrauen, Selbstsucht und Eigensinn
den Frieden stören können.
Schenke uns ein versöhnliches Herz
und mache uns bereit zu vergeben.
Schenke uns deinen Frieden,
damit Friede unter uns möglich wird.**

*Die höchste Güte ist nicht,
gut zu den anderen zu sein,
sondern vorauszusetzen,
daß die anderen es gut mit mir meinen.*

Maurice Blondel

**Herr, schenke mir Güte,
daß ich aus dem Reichtum des Herzens
andere achten und lieben kann.
Du hast mir die Liebe ins Herz gegeben,
daß ich davon den anderen weitergebe.
So hilf mir,
durch Güte Freude zu bereiten.**

**Herr, hilf mir, zufrieden zu sein,
daß ich nicht andere beneide
und all die Dinge und Vorzüge begehre,
die sie besitzen.
Wie du mein Leben gefügt hast,
so will ich es dankbar annehmen,
denn du hast mir genug gegeben,
daß ich glücklich sein kann.
Eines der größten Güter
ist ein zufriedenes Herz.
Lehre mich, zufrieden zu sein
und mich meines Lebens zu freuen.**

*Man richtet mit einem fröhlichen Herzen
doch noch am meisten
in dieser trübseligen Welt aus.*
Wilhelm Raabe

Späte Reue

Die große Überraschung: Warum mußte mich eine Magd so in die Enge treiben, daß ich nicht mehr anders konnte? Was nicht konnte? Wie stark bin ich wirklich? Wurde ich nicht ausdrücklich und früh genug davor gewarnt? War ich nicht in ruhiger Stunde sogar bereit, für ihn zu sterben? Das habe ich laut und deutlich in der Öffentlichkeit beteuert. Und dann im Ernstfall hatte ich nichts anderes im Kopf als mich. Wie konnte es nur dazu kommen?

**Herr, mit meiner Schwäche stehe ich vor dir.
Gerne wäre ich klüger, besser und stärker.
Mein Versagen ist mir ein Geheimnis.
Es schmerzt mich, daß ich dich nicht liebe.
Ich lebe davon, daß du mich nicht verwirfst,
daß du mir Mut machst und neue Kraft gibst
und Gelegenheit, ganz neu zu beginnen.
Vergib, was ich dir schuldig geblieben bin,
was ich dir aus Mangel an Liebe nicht gegeben
und aus Egoismus und Bosheit
nicht getan habe.
Laß mich wieder neu anfangen
und stärke mich, daß ich dir treu bleibe.**

Wie viele wertlose Meinungen, zweifelhafte Tatsachen und belanglose Ereignisse machen mir nutzlose Sorgen? Warum merke ich mir die unguten Erfahrungen fremder Leute, die zweifelhaften Tatsachen und Beweise, die nebensächlichen Ansichten und Äußerungen, die ich vielleicht einmal brauchen werde, wenn sie wahrscheinlich längst schon überflüssig, rückständig und irrig sind? Sollen andere sammeln und bewahren. Ich aber will frei sein für Größeres. Ich will leben, froh und glücklich sein, denn Gott will, daß ich das Leben habe und daß ich es in Fülle habe (Joh 10,10).

**Du sorgst für mich,
das weiß ich ganz gewiß.
Sicher gibt es in der Welt viele Härten.
Aber mit all ihren Zwängen und Ursachen
ist sie doch einer höheren Macht unterworfen.
Und du bist der Herr und Schöpfer der Welt.
Alles ist in deiner Hand.
Auch ich.
Du bist mein Vater und liebst mich.
Ich danke dir,
daß du im ständigen Wechsel
der ruhende Pol meines Lebens bist,
an den ich mich halten darf und kann.
Ich danke dir, daß meine Zukunft
nicht dem Zufall überlassen ist
und daß ich Vertrauen haben darf
in deine Liebe.**

*Im Herzen des unruhigen Menschen
ist Hunger nach Glück nichts anderes
als der Hunger nach Gott.
Wehe den Gesättigten, die, angestopft
mit Lust, das Unendliche ihrer Sehnsucht
erstickt haben.
Selig dagegen jene, die noch Hunger haben.*

Michel Quoist

Wenn das Ende naht

**Je näher ich dem Ende komme,
um so mehr weite mir Blick und Herz,
daß ich mich auch vorbereite
für den großen Augenblick,
wo du mich aufnimmst
in das bessere Leben
und mir eine Ewigkeit hindurch
Glück und Freude schenken wirst.**

**Ich danke dir, Herr,
daß ich an meinem Ende
dich finden werde
und bei dir für immer bleiben darf.
Gib mir die Gnade,
den letzten und entscheidenden Schritt
meines Lebens zu meistern,
damit ich zur Freundschaft mit dir
gelange.**

*Es wird nicht lange mehr dauern,
und er wird mich heimsuchen, der Tod.
Doch auch er ist nur eine Gabe oder
ein Bote der Liebe Gottes zu mir,
ihr letzter und größter Erweis;
eine Gabe Gottes,
der die Liebe selber ist.*

Takashi Nagai

Auf dich allein will ich harren

Herr, tu mir mein Ende kund
und die Zahl meiner Tage!
Laß mich erkennen,
wie sehr ich vergänglich bin!
Du machtest meine Tage
nur eine Spanne lang,
meine Lebenszeit ist vor dir
wie ein Nichts.
Ein Hauch nur ist jeder Mensch.
Nur wie ein Schatten
geht der Mensch einher,
um ein Nichts macht er Lärm.
Er rafft zusammen und weiß nicht,
wer es einheimst.
Und nun, Herr,
worauf soll ich hoffen?
Auf dich allein will ich harren.

Ps 39,5-8

Wenn der letzte Tag dich nicht als Sieger
findet, so finde er dich wenigstens
als Kämpfer, nicht aber als einen,
der unterlegen ist und preisgegeben.

Augustinus

Ich interessiere mich für vieles
und bin begeistert über alles Mögliche,
aber oft bin ich ohne Interesse und Wärme,
wenn Liebe zum Mitmenschen verlangt ist.
Gib mir die Kraft, daß ich
mit der ganzen Hingabe meines Herzens
dir in den Mitmenschen diene.
Gib mir Schwung und Begeisterung
für jede Begegnung und Hilfeleistung.
Laß mich deinen Willen erkennen,
der auf das Wohl aller gerichtet ist.
Dir weihe ich alles, was ich heute tue.
Nimm es hin als meinen Dank.

Weil wir für die Ewigkeit so bleiben werden,
wie wir im Sterben waren,
darum hilf uns,
jeden Augenblick so zu leben,
wie wir für immer bleiben möchten
und wie du uns haben willst.
Und weil wir selber keine rechte Vorstellung
vom Jenseits haben
und allzu irdisch denken,
darum zeige du uns, was zum Leben führt,
und gib uns die Kraft,
danach zu streben.

Geistig offen bleiben

Die Lebenserfahrung ist ein kostbares Gut.
Was mußte ich manchmal dafür bezahlen
an Zeit und Kraft, Einsatz und Geld.
Wie mühsam war es oft, klug zu werden,
zu wissen, wie man das Gute tut
und wie man Fehler meidet.
Entscheidend für mein Leben wird sein,
ob du die Mitte meines Lebens bist
und ob ich bereit bin, dir zu gehorchen.
Bewahre mich davor, daß ich mich nur
für die Tagesneuigkeiten interessiere
oder mich in Geschäftigkeiten verzettele.
Laß mich geistig offen bleiben
für alle Vorgänge um mich und in mir
und hinter allem auch dich sehen,
dem allein zu dienen es sich wirklich lohnt.

Herr, laß mich deutlich unterscheiden,
was ich will und was du willst.
Laß mich immer strenger sein gegen mich
und immer offener für dich.
Ich will mich mit meinen Angelegenheiten
nie so intensiv beschäftigen,
daß ich keine Zeit habe für den Dienst
an dem Hilfsbedürftigen,
für deinen Dienst durch mich.

VII.
Am Abend

Ich kehr' heim zu dir

Herr, nun kehr' ich heim zu dir.
Herr, nun kehr' ich heim zu mir.
Des Tages Stunden,
des Tages Wunden,
all meine Weiten
und Armseligkeiten
leg' ich in deine Hände hinein.
Herr, so wie ich nun bin,
bin ich dein.
Und wenn du mich fragst,
was ich ward,
so muß ich sagen,
mein Herz ist noch hart,
ist noch nicht geschmolzen,
noch nicht geschmiedet,
noch nicht gehämmert,
noch nicht genietet
in deinen Schöpfergedanken hinein.
Doch wie ich bin, bin ich dein.
Herr, hilf mir weiter,
die Zeit verrinnt.
Laß mich werden ein Gnadenkind.
Herr, hilf mir weiter,
ein Tag ist vorbei.
Gib, daß ich morgen besser sei.

Ignaz Klug

Das ist der Abend! Gott hat die Nacht gemacht und gewollt, daß sie gut sei – mit ihrer Stille, ihrer Ruhe, ihrem Frieden. In seinem Namen wünschen sich die Menschen stets von neuem eine „Gute Nacht!".

Aber sie werden täglich an diesem Wunsch schuldig. Das Dunkel wurde so oft zum Deckmantel der Sünde, zur Hilfe der Egoisten. Und so gibt es viele Nächte mit Tränen und Angst und Schuld. Das kommt einem gerade in schlaflosen Stunden des Alters quälend zum Bewußtsein. Trotzdem wissen wir: Die Nacht soll heilig und gut bleiben. Wie gesegnet war doch die Nacht von Betlehem, in der aller Frieden herabgesungen wurde. Der alte Nikodemus fand in einer nächtlichen Stunde zum Heiland. Wie heilig war der Abend mit dem Mahl und wie selig die Osternacht!

Heute sind wir in unseren Nächten wieder gesegnet und geborgen. Unzählige Beter erheben sich nun von ihren Lagern und heiligen die Stunden. Wie viele erfüllen Nacht für Nacht ihre Pflicht, während andere schlafen. Und wir selbst sollten der Nacht vertrauen! Sie steht im Frieden Christi und unter dem Schutz seiner Engel. Deshalb ist es eine rechte Sitte der Gläubigen, nicht dumpf in den Schlaf hineinzufallen, sondern die Grenze zwischen Tag und Nacht im Gebet zu heiligen.

Im Alter brauchen wir meist länger, bis wir einschlafen können. Das soll nicht Ursache einer Qual, sondern Quelle für Licht und Weisheit werden. Der Abend ist die geruhsamste, friedlichste, fruchtbarste Zeit. Er steckt voll von Erkenntnissen und Einsichten. Er hat eine schöne Gabe und Aufgabe, unser Herz zu besänftigen und unseren Sinnen gut zu tun. Er hat für alle Fragen und Sorgen ein eigenes Licht – milder, ausgleichend, wohltuend. Vielleicht ist der Abend doch die beste Stunde eines jeden Tages im Leben des alternden und alten Menschen.

Robert Svoboda

Echte Freude kann letztlich nur dort sein, wo auch Altern und Sterben im Glauben an Gottes Liebe bejaht werden.
Seien wir dankbar für jede Stunde, die uns noch geschenkt ist, um an uns selbst zu arbeiten und um den Brüdern das zu sein, was wir ihnen in Gottes Auftrag sein sollen. Wir sollen unsere Aufgabe erfüllen, nicht in ruheloser Betriebsamkeit, sondern im Vertrauen, daß Gott uns die Kraft und die Zeit geben wird, um unser irdisches Tagewerk zu vollenden. Und freuen wir uns auf den Augenblick, da er uns einst heimrufen wird.

Elisabeth Nikrin

Dank für alles

**Herr, ich danke dir für alles,
was du mir in überreichem Maße schenkst.
Ich danke dir für Nahrung und Kleidung,
für den gedeckten Tisch an jedem Tag.
Ich danke dir für die Nahrung der Seele,
für das gute Wort, den rechten Trost.
Ich danke dir für die Liebe der Menschen,
für Güte und Freundschaft in Wort und Tat.
Ich danke dir für deine Liebe,
in der du so väterlich für mich sorgst.**

Herr, du hast Maria erwählt, die Mutter deines Sohnes zu werden: Auf ihre Fürsprache hin mache uns offen für dein Wort, und gib unserem Denken und Fühlen eine Richtung auf dich, damit wir unser Leben in deinen Dienst stellen.
Durch dich war Maria voll der Gnade und frei von Schuld: Gib unserem Leben durch dein Wort Richtung und Ziel, damit wir auf deine Gegenwart achten und täglich in Glaube, Hoffnung und Liebe wachsen.
Maria hat unter dem Kreuz mit Jesus die Leiden geteilt: Hilf allen Leidenden, die in ihrer Not keinen Ausweg mehr wissen und der Verzweiflung nahe sind, und laß sie gute Menschen finden, die ihnen von Herzen gerne helfen.
Du hast Maria mit Leib und Seele in den Himmel aufgenommen: Erhalte uns eine lebendige Hoffnung auf die Gemeinschaft mit dir. Schenke unseren Sterbenden die Hoffnung auf das ewige Leben, und nimm unsere Verstorbenen auf in die ewige Seligkeit.
Du hast uns Maria zur Mutter gegeben, darum vertrauen wir auf ihre Fürsprache. Laß uns durch sie Hilfe finden und Erhörung unserer Bitten. Amen.

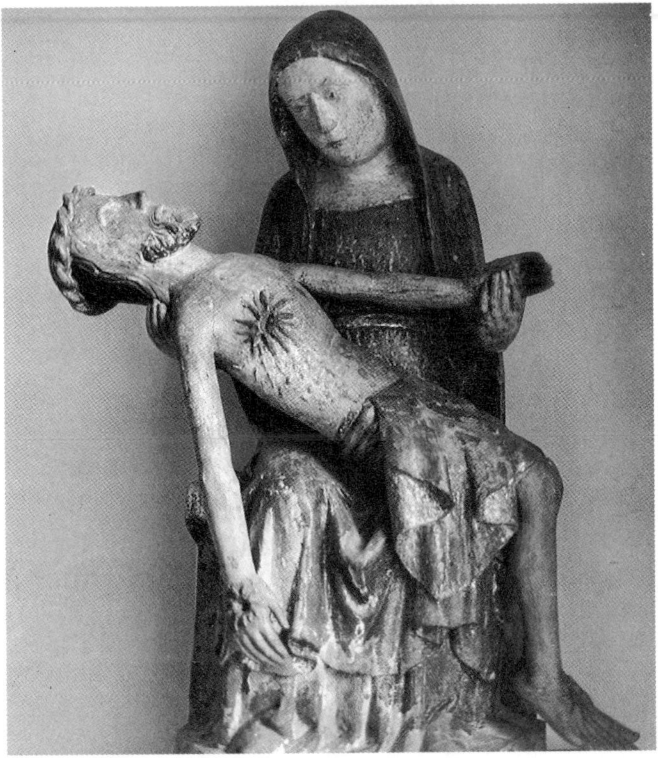

Jesus sah seine Mutter dort stehen und daneben den Jünger, den er liebte. Da sagte er zu seiner Mutter: „Er ist jetzt dein Sohn!“ Und zu dem Jünger sagte er: „Sie ist jetzt deine Mutter!“

Joh 19,26 f. (Die gute Nachricht)

Herr, du kennst mich

Herr, du hast mich erforscht,
und du kennst mich.
Ob ich sitze oder stehe,
du weißt von mir.
Von fern erkennst du meine Gedanken.
Ob ich gehe oder ruhe,
es ist dir bekannt;
du bist vertraut mit all meinen Wegen.
Noch liegt mir das Wort nicht auf der Zunge –
du, Herr, kennst es bereits.
Du umschließt mich von allen Seiten
und legst deine Hand auf mich.
Zu wunderbar ist für mich dieses Wissen,
zu hoch, ich kann es nicht begreifen.
Wohin könnte ich fliehen vor deinem Geist,
wohin mich vor deinem Angesicht flüchten?
Steige ich hinauf in den Himmel,
so bist du dort;
bette ich mich in der Unterwelt,
bist du zugegen.
Ich danke dir,
daß du mich so wunderbar gestaltet hast.
Ich weiß:
Staunenswert sind deine Werke.

Ps 139,1-8.14

Ehe ich mich zur Ruhe begebe,
möchte ich dir, Herr, danken
für alle Wohltaten dieses Tages.
Dir verdanke ich jede gute Arbeit,
allen Erfolg, jede Freude.
Du hast mir Gelegenheit gegeben,
Gutes zu tun und Freude zu bereiten.

Was aber nicht in Ordnung war,
womit ich aus Mangel an Liebe anderen
geschadet oder wehgetan habe,
was ich falsch gemacht habe,
will ich nach Kräften wiedergutmachen.
Und was ich nicht mehr ändern kann,
das bringe du, Herr, wieder in Ordnung.

Deinen Willen treu zu erfüllen
sei mein Dank dafür, daß du mir
die Bedürfnisse des Herzens erfüllst.
Meine Besserung sei mein Dank dafür,
daß du mir immer nahe bist,
um mich glücklich zu machen.
Mein Vertrauen sei mein Dank dafür,
daß ich in dir geborgen bin.

In dem frohen Bewußtsein deiner Nähe
erwarte ich das Geschenk des neuen Tages
und was du mir an Gutem bereitet hast.

Herr, erhalte mir die Erinnerung
an meine lieben Verstorbenen.
Viel Gemeinsames verbindet mich mit ihnen.
Wir haben zusammen Gutes erlebt
und Schweres erlitten,
miteinander gedacht und gesprochen,
geplant und gebetet,
zusammen gekämpft und gerungen,
geliebt und gefürchtet.
Wie diese Gemeinsamkeit deine Gabe war,
so wirst du auch meine Zukunft segnen.
Laß mich mit meinen lieben Verstorbenen
geistig verbunden bleiben.

Herr, wenn ich über mich selber traurig bin,
weil ich manches versäumt habe
und den Verstorbenen schuldig geblieben bin,
wenn ich mich abquäle mit Gedanken wie:
Hätte ich doch! Und warum habe ich nicht?,
dann lege ich dir alles in die Hände,
denn nur du kannst wiedergutmachen,
verzeihen und einen Neuanfang schenken.
Kein übler Nachgeschmack soll
meine Erinnerungen an die Toten trüben.
Laß mich an Gutes denken
und dafür dankbar sein.

**Herr, ich glaube
an die Auferstehung der Toten
und daß wir unseren
lieben Verstorbenen nahestehen,
die uns im Tod vorausgegangen sind
und nun bei dir leben.
Ich glaube daran,
daß meine Verstorbenen mir nahe sind
und daß ich im Herzen
mit ihnen verbunden bleibe.
Uns verbindet weiterhin
die Liebe, die wir uns gegeben haben,
wie wir auch mit dir
in der Liebe verbunden bleiben.**

Bleibe bei uns, Herr,
denn es will Abend werden,
und der Tag hat sich geneigt.

Bleibe bei uns
und bei deiner Kirche.

Bleibe bei uns
am Abend des Tages,
am Abend des Lebens,
am Abend der Welt.

Bleibe bei uns
mit deiner Gnade und Güte,
mit deinem Wort und Sakrament,
mit deinem Trost und Segen.

Bleibe bei uns,
wenn über uns kommt
die Nacht der Trübsal und Angst,
die Nacht des Zweifels
und der Anfechtung,
die Nacht des bitteren Todes.

Bleibe bei uns,
bei all deinen Gläubigen
in Zeit und Ewigkeit.

Wie oft geht Jesus mit uns und wir erkennen ihn nicht? Wie ausführlich belehrt er uns und wir verstehen doch nicht ganz? Wie nahe steht er uns und wir begegnen ihm doch nicht? Erst im Brotbrechen, in der Tischgemeinschaft, in der innigsten Verbindung der Liebe gehen uns die Augen auf. Dann aber brauchen wir nicht mehr das Äußere. Dann sind wir so erfüllt, daß wir davon an andere weitergeben müssen. Dann ist er ein „Gott mit uns" und bleibt es.

Herr, so vieles hast du mir heute gegeben.
Du warst bei mir mit deiner Liebe.
Du hast meine Wege gelenkt
und mich vor Unglück bewahrt.
Mit meinen Schwächen hattest du Erbarmen.

Wo ich nachlässig war in Gebet und Arbeit,
rücksichtslos gegen Mitmenschen,
unlauter im Denken und Reden:
da bitte ich dich um Verzeihung.
Gib mir wieder die Kraft und Liebe,
den Weg deiner Gebote zu gehen.

In deine Hände empfehle ich mich.
Wie ich mich unbesorgt dem Schlaf hingebe,
so will ich dir vertrauensvoll
all mein Denken und Mühen,
mein Sorgen und Arbeiten überlassen.
Hast du mich heute gesegnet,
so wirst du mich auch morgen segnen.
Darauf vertraue ich, dafür danke ich.

Wie glücklich ist, wer Freude findet an den Weisungen des Herrn, wer Tag und Nacht in seinem Gesetz liest und darüber nachdenkt.

Psalm 1,2

**Die Menschen legen sich zur Ruh,
und ich bin allein bei dir,
der du über allen wachst.
Danken möchte ich dir,
daß du mich wieder so treu
umsorgt und behütet hast.
Danken möchte ich dir
auch für all das Schöne,
das ich erleben durfte,
für jeden guten Menschen,
den du mir geschickt hast.
Durch deine Liebe war mir
dieser Tag reich gesegnet.**

**Schenke mir eine ruhige Nacht,
gute Erholung und neue Kraft
für die Aufgaben von morgen.
Segne auch alle Kranken,
stehe den Sterbenden bei,
sei uns nahe als Heiland der Welt.
Gib uns neue Hoffnung
und ein frohes Erwachen am Morgen.**

*Ich preise den Herrn, der mir sagt,
was ich tun soll; auch nachts erinnert mich
mein Herz an seinen Rat.*

Psalm 16,7

Mit dir geh' ich zur Ruhe

**Dieser Tag ist nun vorbei
und mit ihm ein Stück meines Lebens.
Alles erhält seine Endgültigkeit:
die guten Werke und das Versagen.
Ich lebe von deinem Erbarmen,
das mich täglich neu beginnen läßt.
Du warst bisher immer gut zu mir
und wirst es auch bleiben.
Darauf vertraue ich auch für morgen.
Mit deinem Segen gehe ich zur Ruhe
und empfehle mich deiner Liebe.
Einmal wird es meine letzte Ruhe sein.
Laß mein Leben eine Vorbereitung sein
auf die große Begegnung mit dir,
wo ich die volle Erfüllung finde
bei dir, du mein Gott und mein Alles.**

*Dreißig Jahre lang habe ich gebetet:
Gott, tu so und so, gib dies und jenes!
Als ich die oberste Stufe der Erkenntnis
erstieg, rief ich aus: Gott! Sei du für mich
und tu, was du willst.*

Bayezid

Ich warte auf dich

**Ich warte auf dich
wie auf den Morgen nach einer
in Schmerz und Schlaflosigkeit
verbrachten Nacht.
Es kann nicht immer so dunkel bleiben,
so einsam, so trostlos.
Ich weiß, daß du da bist,
liebend, verzeihend,
verstehend und mächtig.
Mächtig gebietend über Nacht
und Verwirrung,
über Schuld und Versagen.
Denn du, ganz Licht,
überstrahlst jedes Dunkel.
Du, ganz Barmherzigkeit,
nimmst jede Schuld.
Du, ganz Liebe,
erfüllst unser leeres Dasein.**

Severin Schneider

Ich halte täglich Rückschau auf das, was ich getan und gesagt, gedacht und gelebt habe. Ich schäme mich meiner Fehler nicht und sage mir: Sieh zu, daß du gleiche Fehler nicht wieder begehst, denn heute vergibt dir Gott, darum vergebe auch ich mir selbst. Aber morgen erwartet Gott von mir etwas Besseres – und auch ich.